入职

职场萌新的
心智建构与职业洗礼

慕希文◎著

第一课

北京联合出版公司
Beijing United Publishing Co.,Ltd.

图书在版编目（CIP）数据

入职第一课：职场萌新的心智建构与职业洗礼 / 慕
希文著 . –– 北京：北京联合出版公司 , 2025. 2.
ISBN 978-7-5596-8214-7

Ⅰ . C913.2–49

中国国家版本馆 CIP 数据核字第 20243F400P 号

入职第一课：职场萌新的心智建构与职业洗礼

作　　者： 慕希文
出 品 人： 赵红仕
责任编辑： 李艳芬
版式设计： 豆安国
责任编审： 赵　娜

北京联合出版公司出版
（北京市西城区德外大街 83 号楼 9 层 100088）
北京华景时代文化传媒有限公司发行
北京文昌阁彩色印刷有限责任公司印刷　　新华书店经销
字数 107 千字　　880 毫米 ×1230 毫米　　1/32　　7. 25 印张
2025 年 2 月第 1 版　　2025 年 2 月第 1 次印刷
ISBN 978-7-5596-8214-7
定价：48. 00 元

前言

从转变角色开始

一次好的职场相遇，是一种双向奔赴。这意味着，用人单位找到了理想的员工，而求职者也找到了心仪的单位，从新员工踏入新单位的第一天起，双方都希望开启一段职场"良缘"。

在新员工入职时，用人单位会以不同的方式对新人的到来表示欢迎，或简单或隆重，但总会有一些仪式感，如果是大批员工同时入职，用人单位往往还会举行集体性的入职仪式和培训，时间从几天到几周不等。之所以这样做，无非是希望从一入职开始，就让新员工感受到热情、温暖和友善，让新员工尽快融入单位，通过这样的仪式，给新员工留下美好难忘的回忆。

每一个单位，从领导到人事部门，对新员工的到来，都既欣喜，又牵挂和期待。欣喜的是新员工意气风发，为单位注入了新的活力；牵挂的是新员工在新的工作岗位上，能否尽快实现角色的转换，是否做好了思想上、精神上、心态上的准备；期待的是，新员工在新的舞台上，能够施展才能，挥洒热情，早日在岗位上建功立业，为单位的发展作出贡献。

而对新入职的员工来说，对新加入的单位可能有一些新奇，心情有一些忐忑，但更多的是对未来的憧憬和思考。一般来说，新入职员工有刚从校园迈向职场的职场"萌新"，无论什么学历，职场对从未有过工作经历的他们而言，都是全新的开始。当然，新入职员工中有一些已经有过工作经历，由于各种原因，需要重新开始一段职业历程，相对而言，他们已经有过职场工作的经验，并非一张白纸，更多的是需要对新单位的了解和认知。本书"入职第一课"更多是针对前者，当然后者如果愿意从中"补课"，也会有所裨益。

当今社会，初入职场的年轻员工，有着鲜明的特点，也有着众多的闪光点，是充满朝气和希望的一代人。与前辈相比，他们在相对丰裕的物质环境中长大，也是信息时代的"原住民"，其中很大一部分是独生子女，接受了良好的教育。

前　言

伴随着新世纪以来中国经济腾飞，并成为世界第二大经济体，"新生代"们亲身感受和目睹这一进程，使他们天生具有国际化视野和良好的知识结构，以及"平视"世界的自信和底气。由于出生环境和学习经历的影响，如今很多年轻人都有着鲜明的个性，对未来怀有美好的憧憬，对个人成长有着较高的预期，同时，他们往往没有经历过太多挫折和磨难，抗挫折和抗压力的能力相对较弱。

"新生代"们有着与父辈不一样的思维方式、学习方式、沟通方式甚至生活方式，对职场和工作的理解也大相径庭。由于从小到大，他们的匮乏感和危机感不强，所以从心里排斥"996"，把加班当作负担，普遍希望获得工作与生活的平衡，不愿为了工作牺牲个人生活，也对很多"大词""热词"祛魅，更希望有自己的空间，看重生活中的"小确幸"，甚至出现"整顿职场""一言不合就辞职"等情况。

从哲学上说，存在决定意识。总体上，我们认为年轻人的这些特点，是时代发展在年轻一代心理上的反映，是社会进步的表现。对于年轻人的特点、个性，要善于用欣赏的眼光来看待，对一些看起来偏激、鲁莽甚至"离经叛道"的做法和想法，要用发展的观点、辩证的思维和与时俱进的眼光来看待，不要固执于传统的对错标准，要看到事物的变化和积极的因子，还要用包容的态度来看待年轻人一时的表现，不要苛求和求全责备。年轻人可能犯错比较多，但错误也是反思和进步的契机，要因势利导，教育和引导他们在反思中不断成长。

当然，从初入职场的新员工角度来说，则要认识到，社会不是由原子化的个体组成的，任何一个单位都有它的目标，有它的规则，有对其中个体的要求。所以要主动去理解、把握和适应用人单位的要求，这样才能尽快完成职业化的蜕变，获得更佳的职业发展优势。

这本书是给广大职场新人讲的"入职第一课"，希望每一位读者从这里开始，就把自己放在"听课席"上，代入其中，去听一下"第一课"会讲些什么，在入职之初，谨记用人单位的管理者、职业导师给予的忠告、提醒和叮咛，通过这节课，完成职场新人应有的心智建构和职业洗礼。

比如，"第一课"上会对你的到来表示欢迎，这无疑是环境对你释放的善意，但同时也在提醒大家，不要让自己总是"新的"，要尽快褪掉"新的"痕迹，让自己融入集体，进入"角色"，完成向职业人的蜕变，直到让人看不出你是"新的"。这需要去学习、思考和实践，不断改变和调整自己。

比如，"第一课"会介绍你所加入单位的情况，包括历史沿革、组织架构、职责定位、行业地位和实力、管理特点、经营效益、主要产品和市场现状、企业文化、战略目标、员工福利和职业发展规划等，这将有助于你进一步了解所加入的单位，找到自己的方向和定位。当然，讲述者的目的也包括希望你引以为豪，激发你努力工作的动力。

当然，更主要的，"第一课"会有更多的时间和篇幅向你们提出寄语，强调要关注的重点、要记住的事情、要秉承的态度等，讲述者会以领导的身份提出要求，或者从"过来人"的角度敞开心扉交流人生感悟，告诉你们这个单位崇尚什么文化，赞赏什么样的行为，什么是值得提倡的，什么是要摒弃的……所有这一切都是为了帮助新人们了解单位的规训和文化，增强对单位的适应性，明确工作和岗位要求，树立正确的职业素养和职业心态，把职业发展的底子打牢。

本书正是对这一场景的"再现"和"模拟"，只不过它把课堂的范围扩大了，从一个物理空间扩展到了能够看到这本书的每一个人，把交流的方式从语言变成了文字，模糊了不同单位的差异性，提取和保留了共性要求。这本书的内容是基于几次真实的"入职第一课"提炼梳理而成的，呈现了真实的"场景感"和"对象感"。同时，它绝不同于某些"职场老油条"向新人们兜售的"宝典""秘籍""你一定要知道的职场技巧"之类的东西，而是真正关于如何走好职场之路的"正知正见"。

在从新人向职场人迈进的时候，要记住的是首先从转变角色开始，调整自己的预期，找准自己的定位。第一，不再是学生，很多问题没有标准答案，评价不只有成绩一个维度，要适应新的规则和环境。第二，不再受国家和家长供养，拿了工资，应该为单位创造价值，作出贡献。第三，要重新树立目标，确定奋斗方向，这个目标不同于以往的要考好某个科目、得到某个分数，而是要在自己的理想、组织的目标与社会的需求之间找到最佳的结合点。能找到一生的目标当然好，找不到的时候，至少要有一个阶段的目标，并且为之付出努力。第四，坚持学习，持续精进。学生时代你可能很优秀，但到了工作岗位，很多东西要从头学起，而且要学的东西太多了，要把学习当作一种习惯，当作终身的任务坚持下去，但这种学习与学校的学习又不完全一样，不是为了得一个高分，而是要打好工作的基础，打牢成长的基石，在学习、实践、思考当中，让自己的思想、能力不断精进。第五，树立积极心态，保持身心健康。成长的路上不会一帆风顺，你会遇到困难、挑战和挫折，也会迷茫和焦虑，这都很正常，但不管遇到什么，都要保持积极乐观，保持健康的身心状态，不要被打垮，不要垂头丧气，因为困难和挫折可以磨砺人，锻炼人，让人加速成长。

带着这些认识，开始我们的"入职第一课"吧。

目　录

扣好第一粒扣子

立乎其大

自驱成长

敬业，就是出活

职业，就是靠谱

专业，就是懂行

不辞其小

活成一个动词

自律致远

成为不可替代的员工

课后学员感言

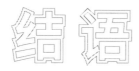

把自己铸造成器

1

扣好第一粒扣子

刚步入职场的年轻人，面对新的环境和同事，怀着憧憬和期待，带着新奇而又陌生的感觉，有一些忐忑和青涩，可能还有一点点不适应。这个时候，最重要的是什么呢？是学习职场技能，是提升沟通技巧，还是尽快干出一些引人瞩目的业绩？在我看来，最重要的是在思想上"扣好第一粒扣子"。

树立正确的"三观"

每个人的一生，都会面临很多抉择，大与小，轻与重，快与慢，苦与乐，得与失……同样一件事情，如何去看待和衡量，如何去选择，涉及一个人的世界观、人生观和价值观，也就是俗称的"三观"。

世界观就是如何看待这个世界，物理世界以及人的物质世界、精神世界，包括人与人之间的关系，认为物质享受更重要，还是精神追求更重要？所认识到的支配这个世界的规律是什么，是努力才会有回报，还是投机取巧、关系至上？还有自我如何用正确的方式与世界互动，是通过损害别人、损害环境来满足一己私欲，还是通过自己的努力来为这个世界创造价值？

人生观就是如何面对人生的各种遭际，起伏跌宕，是遇到好事就得意忘形，遇到挫折就一蹶不振，还是始终保持自信自立自强，胜不骄败不馁，一直用良好的心态、昂扬的斗志、百折不挠的精神状态，来面对人生道路上的种种境遇？

价值观就是人的价值体系，觉得什么事情有价值，是奋斗有价值，还是"躺平"有价值？是索取有价值，还是付出和奉献有价值？

树立正确的世界观、人生观和价值观，是一个人行正道、走得稳、走得远，能为社会创造价值、得到别人的认可，最终让自己满意的关键，也是一辈子要修炼的功课。

关于如何树立正确的"三观",这些道理,每个人从小到大听过不少,父母言传身教,老师也会讲,但是,大家真的认真想过其中的含义吗?大家会觉得,这些朴素的道理,难道我还不知道吗?其实未必。黑格尔有句话说,"熟知不等于真知"。这些道理大家看起来都懂,但不是有句话吗——"懂得那么多道理,依然过不好这一生"。为什么呢?因为很多时候,对一些道理,我们似乎是懂了,但只是在知识层面知道这些道理,没有在事上验证过,所以这些道理只是心证,还没有经过检验,没有经过深入的思考和实践,没有知行合一,还谈不上真正懂得。

所以,树立正确的"三观",很多道理需要结合具体的情形和实际,不断深入思考、反刍和咀嚼,也就是哲学意义上的反思,"对思考的思考"。想一想它为什么是这样,为什么这样是对的,这样做有什么好处。当然,有时候作正确的选择会有坏处,那自己能不能承受、愿不愿意承受这样的代价?还有,当面临抉择的时候,当面对诱惑或者压力的时候,还能不能坚守自己的原则,按照正确的"三观"作出正确的选择?只有真正做到了,才能说真正懂得了,这就是知行合一。

选择重要，坚守更重要

入职之初，每个人都期望自己前程似锦，未来可期，人生出彩。但葆有这种美好期望的同时，对初入职场的人来说，也多少有些令人担忧之处。担忧大家满腔的憧憬抵不过未来岁月的消磨，担忧大家高涨的热情在不乏艰巨和平淡的工作中逐渐消耗殆尽，担忧大家因为必然会出现的困难、挫折和不如意而陷入怀疑、动摇和徘徊。

人生，选择重要，坚守选择更为重要！坚守信仰、坚守信念、坚守理想、坚守初心、坚守忠诚、坚守担当、坚守责任、坚守原则、坚守底线……人生需要无数的坚守才能成功。只有坚守，才能让人不忘初心，始终牢牢把握住人生航行的方向，笃定前行。

某种程度上说，当今的年轻人，能拥有诸多选择，是一种幸运，因为你们处于一个伟大的时代。你们是新时代中国的年轻一代，碰上了好时代，遇上了好舞台，望得见好的未来。你们既面临着难得的建功立业的人生际遇，又面临着"天将降大任于是人也"的时代使命，当倍加珍惜。

自立自强自信

一个人成长的最终目标，是成为一个自立自强自信的人，能够对自己负责，对社会、对他人、对自己的专业有贡献，能让自己得到心灵的充实和平静。这就是中国古人说的："天行健，君子以自强不息；地势坤，君子以厚德载物。"

那么如何做到这一点？需要做好两个方面：一是自驱，自我驱动，自己驱使自己往前走；二是自律，就是能够管理自己，约束自己，自我纠正，自我完善。内在的驱动力配合自我的约束力，这两点都有了，就是由内而外的最好的状态。自驱是做自己感到快乐的、有兴趣的、愿意投入的事情，这是增强回路；自律是做自己并不想做但应该做的事，这是调节回路。这两者结合起来，结果就是自信自强，就是自我成长，就是把自己铸造成器。

比如晚清名臣曾国藩，他就是自驱加自律的典范。除了有澄清天下之志并为此而不懈奋斗外，他最让人佩服的一点是，具有极强的、罕见的道德自觉性，他的克己功夫是一流的，这一方面缘于儒家思想的影响，另一方面也缘于他对自己的期许。他自从注重修身之后，就一以贯之、持续终生，这种修身不是敷衍的，而是贯注到生活中的每一个细节。比如他决定戒烟，不是说说而已，尽管极难，但最终还是彻底戒掉；他告诫自己要远离女色，以至于多看了别人的小妾两眼也要在日记中反省一番，真正到了抉心自食的地步。

他的修身也不是仅停留在理念层面，而是形成了一套完整的方法论，比如他为自己制定了"日课十二条"，每日对照反省，持之以恒，这种毅力和恒心真是了不得。正因如此，曾国藩被后人称为"圣人"，他数十年如一日身体力行儒家的行为准则，取得了世俗极大的成功，验证了儒家思想中"内圣外王"的有效性，其思想行为对后人影响深远。

回到当下，我们时常会感叹现在的年轻人求职不易，房价压力大，职场处处内卷，也时常听到要"躺平""摆烂"的声音。但换一个角度，从某种意义上说，当今的年轻人是近200年来最幸运的一代。1840年鸦片战争之后，中国人民就陷入深重的苦难，战争、贫穷、饥饿如影随形，民不聊生。觉悟起来的仁人志士为了国家和民族的前途抛头颅、洒热血。新中国成立以后，我们的父辈或者更年长一些的人，出于国家建设的需要，付出的远远比得到和享受的多，他们大部分人都经历了很长的物质匮乏阶段。而今天，我国国力强盛，人民生活幸福，在国际上扬眉吐气。我们可以安静地读书，轻松地使用网络，还能到处旅游，享受各种现代文明成果，可以说是身在福中。这是一代一代中国人付出、拼搏乃至牺牲的结果。年轻一代是见证者，更是受益者，因此要懂得感恩，懂得珍惜，懂得责任，懂得担当，懂得奉献，懂得付出。

年轻人遇到了更好的现在，应该说是生逢其时、躬逢其盛。现在的中国比历史上任何时候都更接近世界舞台的中心，中华民族伟大复兴的中国梦将一步步变为现实，你们是这一历史进程的见证者、推动者。你们使命非凡、重任在肩。你们有幸遇见这样的时代，时代也有幸遇见这样的你们，你们应该增强志气、骨气和底气，做自立自信自强的新一代。

2

立乎其大

什么叫"立乎其大"？这句话出自《孟子》，是说人要"先立乎其大者，则其小者弗能夺也"。也就是说，要先确立主要的东西，做到立大志、守大节、遵大德，心里有主心骨、定盘星、指南针，思想层次就不会低下，行为就不会有偏差。

　　这个大的东西是什么？大家想一想，自己从小到大的成长过程中，心中有没有什么大的东西。也许是考个好大学，找个好工作，多赚点钱，等等，这也是人生的目标。但除此之外，还有没有更大的东西？我觉得应该要有，要有理想，要有家国情怀，要有人生的远大目标与追求。

　　所以，我们讲一讲人应该先"立乎其大"的"大"包括什么。我把它概括为：立大志、明大德、吃大苦、成大事。

立大志

第一个"大",是立大志。青年阶段是一个人最富有理想的阶段,那些伟大的人物、杰出的人物,大多是在青年时候树立并坚定自己的理想,有的可能苦苦求索,一旦找到就矢志不渝。毛主席年轻的时候,立志寻找世界的"大本大原"。周总理少年时代就立志,要为中华之崛起而读书。马克思 17 岁中学毕业时写下了《青年在选择职业时的考虑》一文,其中写道:

> 如果一个人只为自己劳动,他也许能够成为著名的学者、伟大的哲人、卓越的诗人,然而他永远不能成为完美的、真正伟大的人物。
>
> 历史把那些为共同目标工作因而自己变得高尚的人称为最伟大的人物;经验赞美那些为大多数人带来幸福的人是最幸福的人。

文章的最后说：

> 如果我们选择了最能为人类而工作的职业，那
> 么，重担就不能把我们压倒，因为这是为大家作出
> 的牺牲；那时我们所享受的就不是可怜的、有限
> 的、自私的乐趣，我们的幸福将属于千百万人，我
> 们的事业将悄然无声地存在下去，但是它会永远发
> 挥作用，而面对我们的骨灰，高尚的人们将洒下
> 热泪。

可见马克思在年轻时就树立了为人类解放而奋斗的人生理想，并为此献出了自己的一生。

但有人会说，革命导师的理想确实很崇高，但有点太高大上了，离我们有点远。其实不管哪一个人，确立理想、树立志向都是至关重要的。王阳明说，"志不立，天下无可成之事"，曾国藩说，人"第一要有志，第二要有识，第三要有恒"，毛主席说，"为有牺牲多壮志，敢教日月换新天"，这些都诠释了立志对一个人塑造自我、实现人生价值的核心驱动作用。

在这样一个碎片化时代，随便刷刷短视频，几个小时就过去了。信息的超载，导致行动力的减弱。很多人

陷入一种无助的闭环之中，想做成一件事，总会遇到各种阻力、障碍和突发情况，于是放弃，然后陷入懊悔和自责，一次又一次地立目标，唯独忘记了立志。这一切的真相，就是缺乏志向驱动。

立志就像挖井，锚定一口井的位置，不断深入，不懈努力。这样身体远离舒适区，精神却会走进舒适区。这是为什么？因为立志可以产生三大心理优势：一是自信，就是朝着自己的目标努力，不太在意别人怎么看，绝不会瞻前顾后。二是自律，对自己的要求非常严苛，不会轻言放弃，能长期坚持，因量变引发质变。三是自驱，特别积极主动，激发内心的能量，而且遇到事都是从自己身上找原因，不断改进和提升自己。所以王阳明说，"持志如心痛"。大家想一下，如果立下志向，有了这三种心理优势，有什么事是做不成的呢？

志向其实就是人在某一方面决心有所作为的努力方向，也就是说，实现志向有两大条件：一是必须有所作为，二是在某一领域深深扎根。我们讲的志向和理想，一定不是小情小我的，也不是夸大的或口号式的，比如先完成一个小目标；还有的鸡汤如"梦想一定要有的，万一实现了呢"，这是把欲望等同为理想。这里有一个逻辑理解的差别，就是梦想和志向是有差别的：一、梦想更多的是一种结果，代表对未来某种生活的一种向往；志向代表我们要努力的方向，是终点和方向的差别。二、梦想更多的是从喜欢的角度出发，代表一个人的热情，是幸福的驱动；志向更多是从使命出发，代表你的责任，是意义的驱动。三、梦想可以依附在任何一种行为和事物上，比如有人想当明星、网红，但志向只能依附于真理。四、梦想是有一定大众性的，很多人的梦想可以是相同的；志向往往具有个体性，是独一无二的，与个人禀赋、经历息息相关。

王阳明在《传习录》中说过一段话：

> 立志用功如种树然，方其根芽，犹未有干；及其有干，尚未有枝；枝而后叶，叶而后花、实。初种根时，只管栽培灌溉。勿作枝想。勿作叶想。勿作花想。勿作实想。悬想何益？但不忘栽培之功，怕没有枝叶花实？

这里把立志用功比作种树，要栽培灌溉。这个很形象。立志就好比种下一颗种子，这颗种子能否破土而出，能否茁壮成长，能否长成参天大树，主要取决于三个因素：第一，是种子的基因，也就是个人的天赋，这是与生俱来的，是个人身上独一无二的基因代码，比如有人天生对数字感兴趣，有人天生有艺术细胞，有人天生对文字敏感，这些都是能力；有些人天生乐观、天生积极、天生充满勇气，这是意识。把这些能力和意识转变成优势，需要经历一个艰难而漫长的过程，要伴随着热情，在自己擅长且感兴趣的领域持续努力耕耘，获得心灵的满足感，进入正向循环，这样才能确保有所作为并形成自己的独特竞争优势，也就是"兑现天赋"。

第二，是滋养种子生长的土壤，也就是将与生俱来的天赋和优势有效激发出来的营养。天赋只是一颗种子，如果用错了地方，很可能连生根发芽的机会都没有，甚至给自己和社会带来伤害。这个土壤其实是真理，就是最符合实际、永恒不变的道理，即从实践中得出并经过总结提炼的客观事物的规律。真理绝不是停留在书本中和口头上，必须是自己切身体悟得出的，"实践是检验真理的唯一标准"，在不断实践的求索过程中，去发现真理、感受真理，去辨别什么是对、什么是错，只有通过实践，才能真正懂得。所以，立志的这片真理土壤，其实存在于我们每个人的心底。古人说，"吾心即宇宙，天理在吾心"，也就是所谓的"心外无物，不假外求"，如果内心是光明的，就能探寻到事物发展的必然规律。我们要做的就是，以心为壤，育志于心，从心底立志，立长志，立最坚定的志向。

第三，是对种子的浇灌，就是在事上练、事上磨，只有在事上磨炼，志向才会越来越清晰、越来越宏大、越来越坚定。当志向的种子在合适的土壤中破土而出，只有通过风吹日晒的磨炼，才能慢慢长出形状，从弱小到长高再到苗壮。人在成长经历中不断经受磨砺也与此类似，在各种选择面前纠结、彷徨时，必须忍受质疑、嘲讽甚至无边的孤独，在这个过程中可能会与他人发生原则上的冲突、认知上的背离，也许还会时常怀疑自己，但经过了种种之后，依然要坚定内心的方向，执着地前行，不要陷入空想和空谈，要不断地实践、立志，再实践，再明志，如此循环反复、孜孜以求，才能磨砺出一个清晰强烈、格局高远、坚如磐石的大志向。诚如孙中山所言，"吾志所向，一往无前，愈挫愈奋，再接再厉"。

志向与梦想不同，它一定与大我相关，我们提倡的是把个人的理想追求与国家和民族的命运紧紧联系在一起，把个人追求与梦想融入党和人民的事业之中，这样人生就有源源不断的动力，就会有大的格局，就拥有了最深厚的家国情怀，这样就会有内心的力量，就会有努力的方向，就不会迷茫。

大家会说自己的工作很普通，怎么和"国家""命运"这些大词结合在一起？其实每个人只要做好自己的本职工作，不断提升自己，不断创造出更大的价值，就是在为国家、为社会作贡献。把志向立在一己之私上，再好的天赋也会枯竭。所以这是第一位的，立足于自身实际，从国家和民族的大背景和方位中，确立自己的理想和志向，然后持志而行，依志而为，矢志不渝，永志不衰。

明大德

第二个"大"，是明大德。中国人特别推崇德行，有厚德载物、德配天地等说法。我们评价好学生是品学兼优，好干部是德才兼备，相反如果德不配位，必有灾殃。一个人如果只是有能力，那只会得到别人的羡慕，一个人只有有道德、有修养，才会得到别人的尊重。这包括职业道德、社会公德、家庭美德、个人品德。

什么是大德，如何涵养自己的道德修养？特别是对于刚步入职业轨道的年轻人而言，要从哪些方面增进自己的德行？本书总结出了"七戒"，就是年轻员工应该避免的七种误区，相当于为大家提供一个负面清单，在后面的章节会重点讲述。这是对品德和人格的要求。

初入职场的年轻人，要明大德，走正路，行大道。现在社会价值观越来越多元，有相当一部分年轻人深受庸俗关系学影响，信奉背靠大树好乘凉、素质硬不如关系硬、有德才不如有后台，整天研究关系、寻找靠山，妄图抄近道、走捷径，这是真正的短视和愚昧。无数事实证明，走大路、走正路，才是到达终点的捷径；而抄小路、走邪路，不仅欲速则不达，而且容易崴脚、抛锚、摔跤。搞歪门邪道，不走正道，容易把自己推向深渊。

走大路走正路，就是要保持心志笃定、心境澄明，始终相信付出终有回报，不犹疑不迷茫，坦然面对波折、坦然接受挑战。走大路走正路，就是要保持昂扬向上、朝气蓬勃，在奋斗中寻找快乐，拒绝"躺平"，永远向前。走大路走正路，就是要保持客观理性、温暖友好，不抱怨不迁怒，用爱滋养心灵，热爱生活、热爱社会，用开放的胸襟拥抱别人。每一个人都心怀光明，我们的环境才光明，大家才能站在光里，才能眼里有光、脸上有光，才能走出一条健康磊落的人生之路。

晚清曾国藩组织湘军时，在选才方面，有自己独到的考察标准，"选士人，领山农"，书生为将，农夫为兵，士兵务求"朴勇好义"，绿营兵不收，市镇油滑之人不收，胥吏书役不收。军官条件更苛刻，他按理学标准提出四个条件：第一要才堪治民，第二要不怕死，第三要淡泊功利心，第四要吃大苦耐大劳。内在的标准是要具有忠义、血性，按照这个标准，他选拔重用了一批有操守气节但不得志的文士儒生。他在选用官吏时，有自己的"观人四法"：讲信用，无官气，有条理，少大话。在品评人才时，他认为，深沉厚重为第一等资质，磊落豪雄为第二等资质，聪明才辩是第三等资质。可见，在对人才的评判上，要把德的要求放在前面，而且每个人的自我成长首先也要用德的标准要求自己。

吃大苦

第三个"大"，是吃大苦。因为中国经历了漫长的农耕社会时期，而且我们的先辈都经历了艰苦的、物资匮乏的年代，所以人们对"吃苦"的概念都停留在"锄禾日当午，汗滴禾下土"和缺衣少食的情形。其实这些只是表层的苦。当然这些也是苦，但不是苦的全部，更不是我们说的大苦大劳。

真正的大苦，其实指的是：苦于磨炼心性，苦于提升认知，苦于精进技能。与此对应的就是一个有志者的心、脑和手，也对应的是理想主义、长期主义、专业主义。

为什么要磨炼心性？主要是为了拥有强大的内心。不可否认，现实世界中多数人的内心其实非常脆弱。特别是初入职场的人，任务稍微重一点儿，就会被压垮；别人的一个脸色，可能要琢磨半天；领导一句不经意的批评，说不定就要哭起来。

原因可能有以下几个方面：信息的超载带来的压力，让人难以专注，满足感减少。社恐、焦虑甚至抑郁等心理现象在增多。当今的年轻人更有个性，追求自我，不愿意对别人迁就，难以交到知心的朋友，有时遇到苦闷无处诉说。当然也包括有时候面临经济、情感等现实的压力。从生命科学的角度说，就是大脑中的快乐因子分泌减少，说到底，就是内心太脆弱。

所以要增强钝感力，给内心设置屏蔽功能，排除外界的干扰，不要太敏感。一个敏感的人，总会特别在意外界的声音，仿佛每句话都有弦外之音，每个眼神都包含深意。久而久之，快乐被一点点抽离，难过却被放大了许多。可事实上，外界的纷扰永远都存在，关键看我们以什么心态对待。当我们收起敏感，把事看淡，那些困扰就会随之烟消云散；当我们屏蔽干扰，专注自我，自然会守得内心的宁静安然。

有强大的内心，才能从容攻坚克难，才能不受外界干扰，才能笑对世事无常。但没有人天生就有强大的内心，所以，磨砺心性就尤为重要。心中要有灯塔，有高远的志向，有明确的指针，有清晰的"三观"，还要有思想上的导师，伟大的知己。要多读书，与人类历史上那些伟大的灵魂去交往，向他们求教。顶着满天的星斗，穿过崎岖的道路，不惧寂寞与艰辛，沿着人类精神谱系向上攀登，到山顶去看风景，与那些前辈的灵魂碰杯。

当然，由于时代不一样，每个导师都会有他的局限性，我们可以多寻找几位思想上的导师，把他们当作知己。当面临重大决策的时候，当心中有大的难题时，与他们促膝谈心，从他们那儿汲取智慧，他们那永不过时的思想和永不褪色的精神，会激励和指引我们迎难而上，昂首前行。

曾国藩初带兵与太平军交战时，出师不利，在靖港遭遇大败，郁闷之下写了一封未发出的奏折后，想一死了之，幸好为幕僚所救。可见这个时候虽然他年龄也不小了，但内心还不够强大。顺境逆境见襟度。胜败乃兵家常事，包羞忍辱方为男儿。意志力和精神从战场上磨砺得来，经验也从实战中得来。此次战败，因为初历战场，经验不足，过于冒进，曾国藩交了不少的"学费"，但他也从这次战败中吸取了教训。经过深刻反思，他认识到了自己急躁冒进的不足，并从根源上认识到还是自己的修身不够、定力不强，此后他确定了"结硬寨，打呆战"的作战方略，步步为营，不图速胜，而是先从战略上确保立于不败之地，再一点点消耗对手的实力和耐心，最终一举击溃对手。

有一个广为人知的故事说，曾国藩在军情报告上，将"屡战屡败"改为"屡败屡战"，一字之差，气象和境界完全不同，体现了败而不馁的气概。这个故事就是靖港之败后发生的。靖港战败是一个转折点，曾国藩从此在心态和行为上发生了很大变化，不断强化了愈挫愈奋、百折不挠的性格特点。

对于有志者来说，挫辱是最大的动力，打击是最大的激励。"打脱牙和血吞"，其实就是把挫折和羞辱活生生吞下，成为滋养自己意志和决心的营养。可以说，没有靖港之败，就没有曾国藩后半生的功名事业。大堑之后有大伸，正是因为这些挫折，才造就了后来的曾国藩。多年以后，在给儿子的家书中，他说："天下事无所为而成者极少，有所贪有所利而成者居其半，有所激有所逼而成者居其半。""百端拂逆之时……亦只有逆来顺受之法。""所谓'好汉打脱牙和血吞'……真处逆境者之良法也。"这构成了曾国藩生命经验中最核心的部分。

另外是苦于提升认知。最近出现了很多关于认知的段子：你永远只能赚认知范围内的钱；凭运气赚的钱，最终也会凭认知亏掉。认知其实就是一个人的思维，反映一个人的头脑运转效率。可以毫不夸张地说，高纬度认知的人与低纬度认知的人，认知差别不是几倍、几十倍的问题，可能是天壤之别。不是有句著名的电影台词吗——"花一秒钟就看清事物本质的人，与一辈子也看不清的人，是截然不同的命运。"

提升认知对我们有哪些帮助？可以帮助我们看清本质，少走弯路；可以帮助我们掌握规律，顺势而为；还可以帮助我们升维思考，降维行动，事半功倍。这个世界上没有什么绝对的"以弱胜强，以少胜多"，其实能取胜的，都包含了认知上的降维攻击。人生的精进，在于不断地把自己从愚昧之巅，推向绝望之谷。能否走上开悟之坡，是每个人的造化，但只有不断的碎裂自我，才有这种可能。以今日之我，非昨日之我，这就是古人说的君子豹变。这其实就是不断更新认知的过程。

那么怎样提升认知呢？要做到"四多"：一是多学习。对提高认知最有帮助的是学哲学、学科学、学历史、读名人传记。在信息如此发达的今天，相比于那些随手可得的公共知识，求知的重点应该转向个体知识，即基于个人理解、体悟而得出的独特判断，某种意义上是默会知识。而说到底，从他人那里得到的个体知识，只是酵母和催化剂，根本上是要激活自身的生命经验，在察悟、联想和印证中，获得对于自己、他人和社会的认知和理解。关于如何学习和阅读，后面还会专门讲述。

二是多见识。读万卷书还要行万里路，要眼到心到脚到脑到，除了自己的一亩三分地，还要关注"上下游"，关注行业，关注最前沿，关注这个开源信息时代所提供的各种有用的信息，当然也要辨别真伪，避免被"割韭菜"。比如巴黎奥运会开幕式，网络上就有完全分化的评论，有的人说视觉、艺术顶级，文化有包容性，有松弛感，一片赞誉，而有的却看出了里面的意识形态私货，传统价值观的坍塌，整个社会的分裂，文化教育的失范，极左向秩序发出明目张胆的挑战，而背后又是利益集团的把控和对中产阶级的收割。所以处理同样的信息，得出不同的观点，其实反映的是认知的不同。

当今时代，技术发展带来信息的极大丰富，除了传统媒体，互联网的出现释放了巨大的数据储存库，而社交媒体提供大量实时的用户生成内容，数据分析的进步显著增强了大型数据集的处理和解释能力。科学研究的范式不断变迁，从最初的归纳和演绎两种方法，发展到仿真模拟，到后来大数据成为重要的研究手段，而现在人工智能快速发展，成为新的科学研究方法，有人将此称为科学研究的第五种范式。

身处海量信息的浪潮之中，现代人需要具备的一项重要素养，就是信息素养。具体表现为：如何构建起自己的知识体系，如何获取有价值的信息，如何辨别信息的真伪以及不同信息之间的关联，如何不被海量的信息淹没裹挟成为"流量"和"韭菜"，如何正确了解和把握自己所处的环境、行业与世界，如何对自己感兴趣的问题或者某些特定的领域有深入的研究，如何贡献有价值的信息和观点……是每天被各种无序的信息牵着鼻子走，还是带着自己的主体性有意识地获取、分析和处理信息，将从根本上决定一个人的发展与未来，某种程度上也决定了一个人的认知力、感受力和生活的幸福感。

如何提升信息素养，是一个庞大的话题，涉及人生理念、价值追求、思维方式、行为习惯、工作生活方式方法等各个方面。这里只探讨一个话题，就是如何分析开源信息，进而利用开源信息做一些深入的研究，从而提升自己的认知水平。所谓开源信息，就是从公开渠道可以得到的各种信息。最初这个词用在军事情报领域，后来在互联网领域得到广泛应用。而事实上，开源信息对我们各个领域来说，都是客观存在的，也是我们普通人所能得到的最多的信息。在这方面，毛泽东可以说是光辉的典范。他在年轻的时候就通过收集、阅读公开发行的报刊，了解和分析世界大势。在革命战争年代和新中国成立以后，他更是身居一室，眼观天下，指点江山，运筹帷幄，体现了常人难以企及的信息分析和处理能力。

对大部分普通人来说，学习和掌握一些基本的开源信息研究方法，对于提升自己的认知能力，增强自己对社会问题和行业等方面的洞察，都是大有裨益的。其中很重要的一点，就是可以让自己在众声喧哗、泥沙俱下的信息环境中保持良好的辨别力，不至于见风就是雨，别人说啥就信啥，而能够"守脑如玉"。要做到这样非常不容易，很多学历很高、职位很高的人也常常在这方面跌跟头。

如何做好开源信息的研究分析？我结合自己以往的经验体会，在这里提供一个基本的方法和步骤，大致分为五步：第一步，是对要研究的领域建立基本的知识框架，并在一定时期内具有相对稳定的思想观点取向，同时对开源信息的分布和来源有结构性的把握。第二步，是信息的收集获取，针对自定义的主题，从多个信息源持续采集最新的开源信息，聚合储存为自有数据库。这需要用到一些技术工具，如搜索引擎等。第三步，是信息的评估，建立自己的可信分析系统，从知识、语义、传播模式、信源等不同的角度，分析信息的含金量和可用性，重点是识别信息背后的利益和立场，以及把事实和观点及情绪分开。第四步，是对信息进行分类和遴选，也即预处理，将可用信息分门别类，根据其门类、大小逻辑关系、可用性的强弱等，做必要的标注，建立知识图谱和信息树，并持续迭代。第五步，是信息的应用，根据特定论题的需要，采取定性或定量的方式，对初始信息进行提取、转化、改造和组合，形成自己的观点，用自有的观点体系统合相关素材，进而构建所关注领域的底层逻辑和脉络框架，然后从中提炼核心关键及前沿命题，作为进一步思考和研究的基础。

在这方面，我有很深的体会。简要回顾的话，大致经历了一个从自发到自觉的过程。大学时我学的是文学，但对哲学感兴趣，所以大学期间除了浏览文学作品外，我把阅读重点放在了中外思想史和历史研究方面，应该说构建了我基本的知识底座和思维方法。我在第一份工作做记者和编辑的时候，工作之余阅读了大量的社会学和人类学著作，建立了我观察社会的基本视角。研究生我跨专业读了新闻传播学，我一边读书一边实践，广泛涉猎了社会科学的各个领域，写出了 7 万多字的跨学科优秀硕士论文。而且那时我就自信地认为，不需要再读什么博士了。

硕士毕业开始工作之后，我花了一段时间做所处的能源行业的研究，从一个完全的门外汉，到对这个行业有比较系统、历史和前瞻性的认识和研究，提出过一些比较有预见性和启发性的观点，在行业内得到比较多的认可。当然，我不需要去掌握里面具体某一个环节的技术细节，更多的是从宏观的、立体的角度去把握这个行业的结构性内容和发展趋势，尤其是跳出具体门类的"竖井式"视角局限（也包括其中隐含的特定利益立场），而对大的能源行业有全面的认识。唯其如此，才能真正把握一个领域的底层逻辑和核心命题。由此从行业研究拓展到公共政策研究和战略研究，才是可能的。这经历了一个从模糊到清晰、从零散到系统，逐渐建立起方法论和可行路径的过程。这个过程对于建立自己的研究方法体系是非常重要的。如果说它是"屠龙术"，那我用它来对付一些小问题，自然是不在话下，甚至有如武侠小说中描述的"飞花摘叶皆可伤人，草木竹石皆可为剑"。

　　另外，出于偶然的原因，我涉足写作领域，结合自身的经历，对写作这件事做了系统深入的研究，从最底层出发，构建起有效的方法体系。写作会涉及社会的方方面面，不同的年龄，不同的群体，不同的用途，其中很多原理和方法是相通的。我很欣慰自己在这方面还是帮到了很多人。

　　此外，我的工作涉及党建、企业管理等领域，由于这种思考方式已经内化为我的习惯，所以我自然会有意识地将其运用到自己的工作领域，建立起自己对这些领域的积累和知识体系。当然，这种思考与纯客观的行业研究又有所不同，它是一种"将自己作为方法"的研究方式，一种带有田野性质的观察和思考，因为自身作为主体在场，必然带入主观的感受、情志与认知，是一种偏重于质性而非量化的研究。

　　对于大部分人来说，不一定会去做什么研究，但善于对开源信息分析和利用，也是数字化时代的一项重要能力，同时也是提升自己认知的有效途径。毕竟，人工智能时代，靠灵光一闪，靠抖机灵，而没有自己的认知与价值体系，没有对一些事物形成自己的观点和看法，不具备对信息进行加工处理和抽象提炼的能力，其结果就是被机器所取代。

三是多实践。实践是检验真理的唯一标准。关于知行的关系，王阳明有句很好的话："知之真切笃实处即是行，行之明觉精察处即是知。"如何实践才能提高认知呢？一要注重创新，就是同样的事做得和别人不一样，今天做和昨天做不一样。二要注重闭环，管理学上有个 PDCA 循环，计划、执行、检查、处理，周而复始，不断优化，迭代升级。日常工作中有句话：事事有回应，件件有着落。三要注重结果，实践出真知，真理乍现的瞬间，往往都在最后结果呈现的时刻。在实践过程中，不注重结果，只问耕耘、不问收获，最后可能是徒劳一场。

中国文化有经世致用的传统，"经世"的内涵是"经国济世"，志存高远，胸怀天下，"致用"的内涵是"学用结合"，脚踏实地，注重实效。这种"务当世之务"的为学宗旨，勇于任事、致力创新的精神，注重实际、积极践履的方法，体现了中国文化的精髓。中国哲学本质上是实践哲学和心性之学，而不同于西方的认识哲学。它要求将所遵循的精神理念灌注于实践当中，坚持对自己用力，通过切身体会加以验证和推演。

也因其如此，孔子提出了"君子不器"的思想，孔子的这句话，是说君子不能囿于一技之长，不能只求职业发财致富，而当"志"于"道"，就是从万象纷呈的世界里，悟到深藏其后的冥冥天道，从而以不变应万变，具有驾驭各种复杂事件的能力，担当修身、齐家、治国、平天下的重任。道器不离，悟道以后在器中运用，抽象的道与实际的事相结合，持经达变，抱一应万，则待人接物、理政从军事事可为。魏晋哲学家王弼有句话，"应物而无累于物"。在不同的场域中，如果有稳定的内核，有能化容万物的内在，那么所有外物都是磨砺你、启发你、成就你的素材，都会因为与你相遇而成为你生命的一部分。这时候，你的心态就是从容的，眼光就是超越的，胸怀就会越来越开阔，这也就是"君子不器"的真正含义。

四是多总结。毛主席说自己是靠总结经验吃饭的。认知就是在不断地总结中凝练和提升的。一要善于总结教训。教训可以告诉我们为什么会失败、失败的根源是什么，从而引导我们一次次接近事物发展的本质。国外有句谚语："聪明的人绝不会两次被同一块石头绊倒。"

孔子有弟子三千，最喜欢的是颜回，评价他"不迁怒，不贰过"。人不可能不犯错误，但如果同样的错误不断地犯，就是认知上的缺陷。所以要抽丝剥茧，痛定思痛，找出问题到底出在什么地方，有什么办法可以规避。总结教训时很重要的一点是要了解人性，人性的基因在我们的大脑结构中已经有几万年的遗传，一些人性的幽暗、曲折之处正是教训的根源。所谓"前车之覆，后车之鉴"，特别是自己亲手造成的教训更加深刻。道理不难理解，没有切肤之痛，何来锥心之悟？所以年轻人不要怕犯错，但要绝不贰过，不断总结的教训价值千金。

二要勤于总结经验。塞西尔有句名言："一克的经验抵得上一吨的理论。"经验是成功的缩影和结晶，总结经验的关键是要以小见大，从小细节窥见大道理。复盘成功的经验，需要经过的步骤是：不断细分，分清楚客观和主观的因素；不断细分，分清楚主要和次要的要素；由外及内、由浅入深地列出关键要素，形成关键经验。经验的总结要遵循的原则是：具体的，有创新启示的，有理性内涵的，能复制的。具备这些特点的经验才是有价值的，才能不断拓展认知的边界。好的经验，看得见魔鬼的样子，闻得到思想的味道，听得见人性深处的呼喊。

最终要总结规律。规律具有必然性、普遍性、客观性，《韩非子》中说"万物必有盛衰，万事必有弛张"，指出一切事物都有其自身的规律。《道德经》中说"人法地，地法天，天法道，道法自然"，道是在事物发展的过程中自然而然产生出来的，事物之间相互联系，相互影响，相辅相成，相生相克。我们不但要总结普遍存在的客观规律，还要不断总结特定的规律，比如特定的行业规律、周期规律、工作规律等。这些规律都需要在不断的摸索和实践中总结出来。唯有在事上练，不断体察，才能不断归纳、总结、领悟和运用好这些规律，知行合一，不断提升认知。同时在内心深处要对规律心存敬畏，因为规律即天道，要顺应规律，切不可逆天而行。

初入职场的年轻人会对一些问题感到困惑，一旦明白这些问题背后的规律，就能更好地理解、消除一些疑惑。比如，怎样实现从技术岗位到管理岗位的跨越？关键是要把握技术和管理的不同特性和规律。技术解决的是单一问题和单一目标，管理解决的是系统问题、组织问题和多元目标；技术更多体现在专业上的精深，管理更多需要系统思维；技术更多关注事与事的关系，管理更多需要关注人与事、人与人之间的联系。只要用心，只要下功夫，这个跨越不会太难。再比如，自己学的不是所在单位的主干专业，怎样发挥作用？其实，每一个组织的发展都需要各方面的人才，只要努力学习钻研，不断提高自身能力素质，符合组织对人才的需求，技术、管理和通用专业都能找到用武之地。专业只是我们进入一个领域的敲门砖，更多的知识技能都需要在实践中学习、积累、提升，把任何一个学科掌握好，都能形成底层思维和可以迁移的知识经验，也能打破专业的壁垒，增强综合素质，提高适应能力。到一定程度上，很多岗位都不会受到专业的限制，更需要的是综合知识和通用能力。我们看到的董事长、总经理，并没有一个这样的专业来专门培养，都是在实践中锻炼成长的。

还有一个就是苦于精进技能。就是长时间按照正确的方法实践和训练，形成和掌握解决实际问题的一系列原则标准、技巧和方法，从量变到质变，最终达到苏轼所提倡的"了然于胸，了然于手，了然于口"的程度。

不断做一件事情，从早期的新手，到能力不断增强成为熟手，再到后来成为真正意义上的高手，我们会发现，没有谁是天纵之才，成功靠的是一点一滴的积累，靠的是坚忍不拔的努力。无论要做好哪件事情，都需要磨炼，每一项能力，都要不断进阶才能增强，就像人的肌肉，要坚持锻炼才能强健。而这些坚持和磨砺，最终都会回馈于人，就像一句歌词所写："人生没有白走的路，每一步都算数。"

古人说："万般带不走，唯有业随身。"专业能力是安身立命的依傍，专业的人，就要靠专业能力吃饭。古代有很多故事，如《庖丁解牛》《卖油翁》，讲的都是技能精湛的人。精进技能有三大核心作用：一是提升效率，效率包括"效果"和"速率"，"冰冻三尺，非一日之寒"，工作技能的打磨需要时间和精力的巨大投入；二是强化复制，做事最关键的是打造样板，就好比现代工业制造"开模具"，一个成功的模具包括了做成这件事所蕴含的所有的规律、经验和教训，一旦打造成功，就可以大批量复制，也就是"十年做成一件事，然后一年做成十件事"，因为其包含了标准化、精细度和原理性几大特点，要具备这样的特点，非反复实践总结来精进和提升技能不可；三是减少浪费，包括资源的浪费和动作的浪费。

怎样精进技能？我总结出几点：一是知识结构化。

比如一个从事品牌管理工作的人，其知识结构应该包括六大基础学科，即物理学、数学、生命科学、心理学、历史学、哲学，四大应用学科，即财务、传播学、营销学和管理学。当然并不是每一门都精通，但要了解里面的知识点，结构性地把握其知识框架，形成自己的知识结构。知识结构越牢固、越成体系，认知就越清晰、越系统，越能一眼看清本质，做事越能遵循规律。知识不能形成系统，分析问题和做事就如盲人摸象。

二是技能模块化。要给自己所做工作涉及的所有工作技能，做一个分类，形成系统的模块，并不断升级和迭代，下滴水穿石之功，不断精进和打磨，把各个"技能包"一一填满，对各种技能能够合纵连横，工作时才能得心应手。

三是标准原则化。这主要是解决很多人对"什么是好，什么是不好"想当然、靠感觉、没标准的问题。比如影响力的六大原则：喜欢原则，社会认同原则，承诺与一致原则，稀缺原则，权威原则，互惠互利原则。再比如好创意的标准是简洁明了，出人意料，细节具体，真实可信，能够引发情绪，故事性强等。有了原则标准，才能把事情做漂亮。这其实体现的是以终为始的逆向思维和终局思维。在不断实践中总结出具体的原则标准，技能才会发生质的飞跃和突破。

四是结果彻底化。一个人的成长过程中，很重要的节点是能不能持续做成事。工作也有高潮，不过是心灵的高潮，如果长期做事没有结果，没有达到高潮，人就会萎靡不振，没有精气神。如果暂时没有能力烧开一壶水，就先让一滴水沸腾起来，因为彻底达成一个结果对强化技能训练非常重要。需要说明的是，强调结果的重要性，讲结果彻底化，也恰恰特别重视执行过程，重视过程中核心技能的运用，以及达成结果后核心技能的提升。技能和结果是螺旋式上升的趋势。

通过以上的"四化"建设，提升专业技能，体现出专业水平，就是要把一件事情、一个领域弄明白、搞清楚、做彻底，成为行家里手。所以我们提倡工匠精神，全身心投入，精益求精、一丝不苟，追求极致。特别是年轻员工，要着力发扬工匠精神，在自己的领域把每一项工作做细做精，做出品质，做到高水平，在业务上不断精进。

稻盛和夫有句话："工作就是提升心志、磨砺人格的修行。"我刚参加工作的时候，就记住了他的四句话：不断树立高目标；付出不亚于任何人的努力；不要有感性的烦恼；一定要严酷地锻炼自己。他还有一个著名的成功方程式：成功=能力 × 热情 × 思维方式。这个与我提的"吃大苦"是一致的，对应手、心、脑，是全方位的吃苦。所以要愿意吃苦，乐于吃苦。

成大事

最后一个"大"，是成大事。何为大？中国人的哲学里，事物都是辩证的、对偶的。大音希声，大象无形，大智若愚，大巧若拙。从科学的角度讲，大是个相对的概念。做大事不等于当大官，不等于赚大钱，如果只是为自己，这恰恰是小的。把个人的成长同祖国和人民的命运联系在一起，成为一个被需要的人，可为大事业。做对国家、对社会、对他人有益的事，能让自己成长和创造价值的事，能让自己获得心灵平静与圆满的事，可为大事业。

对于今天的年轻人来说，不需要太担心知识和能力如何获取，更值得担心的是大家在"内卷"和"躺平"的环境中，被简单的物质生活所迷惑，被社会上的许多外在的标准所绑架，随波逐流。

比如，当加班工作而没有得到希望的回报时，会心态失衡；当坚持做自己认为有意义的事情时，不一定得到认可；当朝着自己的目标努力时，别人可能不理解你，甚至有人笑话你；等等。但是只要自己内心有方向，坚持做有意义的、正确的事，哪怕是一件件小事，也能累积起来成为大事。

而且，在你做大事的过程中，可以肯定地说，绝对不会一帆风顺，苦难、挫折、挑战是不可避免的。但这才是事物的常态，我们看自然界的生物，蚕吃桑叶，一起一伏，是坎坷；蛇往前走，一左一右，是曲折。世界上就没有完全平坦的道路，人生也没有绝对的坦途。所以遇到困难的时候，要有好的心态，要敢于迎难而上，而不要一蹶不振。

当遇到困难和挑战的时候，要想这是上天给你一个机会，但怕你接不住，能力不够，所以要考验和磨炼你。其实，一个人有这样的经历也是一种财富。使唐僧成为唐僧的，不是经书，而是那条经历九九八十一难的取经路。唯有经得起考验，撑得住磨难，才有可能长成栋梁之才。

3

自驱成长

一个人最好的状态，就是自己驱动自己成长，不需要外界逼迫，不需要他人催促，不需要各种指标的驱使，而是自动自发地朝着自己的目标努力。进入职场以后，自驱力的强弱以及持续的时间，将直接决定人的成长速率和所能达到的高度。

增强历史主动

　　当下的青年生逢伟大的时代，当不辜负时代。伟大的时代需要我们青年有自己的作为，要不辱使命，意识到青年人要担起的责任，成为青年人该有的样子。

北大教授陈平原说："人类历史上，有过许多'关键时刻'，其巨大的辐射力量，对后世产生了决定性影响……我们必须跟……这样的关键时刻、关键人物、关键学说，保持不断的对话关系。""在沉思与对话中，获得前进的方向感和原动力。"

我们要有这种历史自觉意识，焕发历史主动精神，青年之精神是时代进步重要的力量源泉。青年人具备历史主动精神，才会增强学习的积极性、增强个人成长的主动性、增强斗争精神，从思想上树立积极主动的意识，这关系个人成长，关系社会的进步，也关系国家的未来。把握历史主动，确立人民的历史主动地位，是马克思主义唯物史观的核心内容之一，伟大的历史主动精神推动着历史进步，反映的是中国特色社会主义的精神本质，满足人民对美好生活的向往，希望大家争做不负韶华的奋斗者，发扬历史主动精神，保持胸怀"国之大者"的历史自信，勇于担起国家和民族的未来。

所以我们要练就过硬本领，勇担时代重任。在学习实践中长才干、强本领，磨砺自己，主动担当，敢于负责，积极作为，忠诚履职。涵养家国情怀，培育高尚品格。树立正确的世界观、人生观、价值观，处理好公与私、义与利、是与非、正与邪、苦与乐的关系，光明磊落，甘于奉献，慎独慎微，知行合一。

真正的理想是实现自我想象

年轻人要树立正确的人生目标和远大志向，这样才会找到不断奋进的内驱力，人生才会有大格局，才会建立正确的世界观、人生观、价值观。理想是人生的航标，引领前行的方向。理想不是虚无缥缈的东西，而是人愿意为之付出、倾情投入、奋斗终生的事业，要把个人的理想与国家和民族的发展和进步联系起来，找到最好的结合点，在为社会、为他人奉献的过程中实现最大的人生价值。

我们的理想，是有现实感的理想，要找到实现理想的具体方法和路径，志存高远、脚踏实地，从大处着眼、小处入手，不急于求成，不好高骛远，从现在做起，从小事做起，在完成一件件具体的事情、实现一个个阶段性目标的过程中，不断向理想的目标靠近。

有人会说，理想确实很崇高，但有点太高大上了，离我们有点远。当下社会，压力那么大，竞争那么激烈，社会那么卷，这些都能成为消沉、"躺平"、"摆烂"的理由，谈理想是不是不合时宜？要理想有什么用？

我最近看了华东政法大学杜素娟老师在《一席演讲》节目做的演讲，很赞同她的观点。她说没有理想的人生是无趣的。英国诗人弥尔顿在《失乐园》里描述了一个"混沌界"，比较符合很多人的状态——好像没那么惨，但也好不到哪里去。生活不是自己想要的，想突破，看不到希望；想改变，找不到路径。既"躺"不平，也"卷"不动，人生好像卡住了。彻底"摆烂"吧，又会不甘心，感到疲倦，感到空虚。这种情绪体验，就叫内耗。

大家会说，既然都这样了，再谈理想，不是更沉重吗？杜老师有个观点，很多时候我们嘴里的理想，其实是与人攀比而追求的目标。比如想赚钱，让家人生活得更好，但慢慢变成要比别人赚更多的钱，买房一定要买一线城市的大房子，我们把自己的理想绑到了攀比的金字塔上。

其实这是攀比思维的陷阱，是功利主义的圈套，理想不能背这个锅。这种思维设定的概念是什么？你必须出人头地，把别人比下去，这才叫成功。这样的"成功"思维，跟大多数普通人是无缘的。但这种所谓的理想，却把很多人卷了进去。大家都眼巴巴地望着金字塔的塔尖，觉得人生苦涩。

其实，真正的理想是什么？是一种自我想象，想象自己想要的未来生活，想象自己想成为的样子。保持这样一份旺盛的自我想象，就有了探索自我和人生可能性的勇气，和对自己人生的不放弃。

所以我们要思考的问题是：你想成为怎样的自己？你想过上怎样的生活？你认真想过吗？自我想象一定要建立在对自己的了解之上。还有一个问题是，要弄清楚你的兴趣是什么，你擅长什么，你的特点是什么，这样才能具象化、针对性地形成一份自我想象，这样的自我想象才能够变成我们的理想。

所以，认清生活的真相，依然热爱生活。我们不能成为生活的"产品"，我们要的是生活本身。当我们拥有这样一份自我想象，我们就不会被困难所打倒，我们就会像弹簧一样，哪怕在谷底，也会弹起来。坎坷和挫折，反而是成长的契机，经历风雨，才能够激发出一个更强大的自我。

电影《长安三万里》中，李白的人生志向不是成为诗人，而是想成就一番功业，匡扶社稷，报效国家，实现人生价值。他遇到种种曲折、坎坷，最终也没有实现自己的人生目标，但他的诗却永远都是那么昂扬自信，充满旺盛的少年气，他的身上有仙气、豪气、侠气、酒气，唯独没有哀叹之气、颓唐之气，从某种意义上说，李白没有实现的理想是获得某个官职，做成一番大的事业，他真正实现的理想是，他一直是自己心中最好的那一个。他是越挫越勇、追求理想最好的代言人。

人若没有理想，就和咸鱼没有什么区别，只是为了生存而苟活，不可能创造出自己的价值。但同时要说的是，人不要太理想化，脱离实际，无视现实和社会规则，否则，理想就变成了空想。

理想和现实的交织中，大致有四类人，可以称之为"理想与现实的四宫格"。第一类是现实的现实主义者，被现实所困，失去理想和热情；第二类是理想的现实主义者，没有真正的理想，而是用理想粉饰自己，就是前面说的攀比的伪理想；第三类是理想的理想主义者，这类人有理想，但是不能正确面对现实，脱离实际，李白偏向这种；第四类就是我们所说的现实的理想主义者，坚持心中的理想，同时正视和认清现实。

我们追求的理想应该是有现实感的理想，能落到现实的土壤中。认清现实，并找到通往理想的路径和方法，是实现理想的关键。

追求理想的过程就好比过河，方法和路径就是船和桥，没有船和桥，就只能"望河兴叹"，有了船和桥，还要有航向和目标，否则对于盲目的船来说，所有风向都是逆风。

我上大学时发现自己的优势是写作，一度以写作为使命，信奉"书生报国无长物，唯有手中笔如刀"。大学毕业后从事过新闻工作，读研究生时，因为阅读范围扩大，阅历增加，对社会认知加深，受到一些思想的触动，加上名师指点和训练，在学术思维上提升很大，我对自己的思维能力、跨界研究、透视事物本质以及转化能力更加自信，我确立了自己的人生价值排序，依次是做事、思考、读书和写作。

首先是要做事。张謇有言："天之生人也，与草木无异。若遗留一二有用事业，与草木同生，即不与草木同腐。"人生天地间，应该做一些于社会、于他人有意义的事情。而且只有把事情干明白，经历一些事，折腾过、被摔打过，才能写出一点扎实的、有价值的东西。

其次是要多思考，想清楚自己来到世上为了什么，要干什么，了解这个世界，了解社会，也了解他人，最重要的是让自己活得更明白一点。然后是读书。前人已经创造了丰厚的知识成果，只有认真阅读吸收，才能创造。

这样想明白后，来到企业，不管做新闻记者、文字工作者、部门负责人，还是现在的企业负责人，我都尽可能去做实事，做好事，而且要不断思索和沉淀，结合工作实际思考和研究关于能源行业、企业管理的问题，甚至是关于文稿写作的方法，最终把事情干明白。

从上学读书到现在，20 年过去了，表面上有很多变化，但我觉得有些东西是不变的，当年的理想依然是今天的理想。让我满意的，不是我获得了多少东西，多少社会名誉，而是保持了自己的本色。

什么叫做人之本？不忘本就跟不忘初心一样，自己从哪里来，到哪里去，反复问自己这个问题。一定要把持这个本。只有这样，我们才能任何时候都不会骄傲，任何时候都不会委顿，任何时候都不会被困难吓倒。

哪个人内心没有过火花，能不能将它聚成火焰？哪个人没有自己的理想，当时间流逝，我们还能不能坚持自己的理想？

成为"自燃型"青年

有了理想，就有了方向，但它不会直接转化为行动。要让自驱成为成长的动力。自驱，就是不靠外在的驱动，不需要别人去宣教和鼓励，自我发光发亮。因为只有懂得自驱的人，才能最大限度让自己保持更好的激情、更好的状态，挖掘自己最大的潜力。

可以说，自驱是自知自觉的一种升华。人首先要自知，知道自己能干什么、不能干什么，优点、缺点分别是什么，这样才能扬长避短。自觉其实是自我觉悟。

我们常说，革命靠自觉，萌生觉悟，才会衍生出无穷的动力。人这一辈子，来到这个世界，注定要解决问题、面对挑战，这不是你想不想要的问题，而是人类的宿命。

既然注定要向前迈进、向上攀登，就应该放弃不切实际的幻想，就要为自己树立目标。要有奋进的觉悟和企图，更要有奋进的规划和脚步。自我主宰，成为自己战场上的指挥官，明确自己的目标，聚焦自己、提升自己、完善自己。

自驱要有意志。意志力，或者说人身上的任何突出能力，都是需要锻炼得来的。毛主席年轻时洗冷水澡，坐到大街上看书，就是为了锻炼自己的意志力。我们每个人都应该有自己锻炼意志力的办法，一个没有意志力的人，往往是慵懒的，即便知道自身哪里不行，也没有决心和恒心去矫正、去成长和精进。

自驱也一定有反馈和享受。就像长跑，不经常跑步的人认为跑步是痛苦的，很难坚持下来，但经常跑步的人知道，虽然开始有些累、酸，但度过这个阶段，后面其实很享受。自驱并不是让我们去做苦行僧，天天艰苦地忍受，那肯定不行。

除了自知自省、自觉奋进，坚持不懈，还应该学会聚焦于工作本身，多去享受工作的成果，反过来安抚自己、振奋自己。其实真正聚焦到工作当中，朝着目标一步步地去努力，就像武侠小说里闭关练功一样，是不会感觉到痛苦和劳累的，反倒是那些上班心不在焉无法集中注意力的人，总感觉到无聊和煎熬，那是最累和悲催的。

　　人有三种驱动力，一是本能驱动力，比如吃饭、喝水等；二是奖惩驱动力，做好了就奖，做砸了就罚；三是内心热爱驱动力，培养对事业的感情，如痴如醉。热爱可以理解成激情，有抱负、有事业心、有使命感。这是最强大的动力。

　　稻盛和夫曾总结，人可以分为三种：第一种是点火就着的"可燃型"的人；第二种是点火也烧不起来的"不燃型"的人；第三种是自己就能熊熊燃烧的"自燃型"的人。所谓"自燃型"的人，就是有强烈成就动机和自驱力的人，只有这样的人，才能坚持不懈地努力。努力的过程就是提升心志、锤炼人格、锻造品质的"修行"，只有极度努力，才能取得事业的成功。

　　那些无法"自燃"的人，有的是因为缺乏欲望和想法，享受"无欲无求"的"佛系"工作方式。有的是因为缺乏认知。他们对自我的认知、对社会的认知、对做事情的认知、对很多概念的认知、对学习的认知等比较浅，所以当你在跟他们说不要为了工作而工作，要带着使命感把工作当成自己的事业，要有愿景、有目标、有奉献精神和格局时，他们不理解。所以需要升级认知系统，使他们能够理智判断事物。

有的是因为缺乏能力，行动力达不到预期。要提升能力，只有下苦功夫，没有捷径。有的是因为缺乏动力。他们没有找到能够触发自发动力的条件，也就是"动力源"。动力源归纳起来就是"追求快乐和逃避痛苦"。如果员工找不到通过完成某项工作而得到的"好处""收获"等任何能够有"满足感"的源头，他就很难动力十足地开展工作。如果员工认识不到完不成某项工作将会承受"处罚""淘汰"等严重后果，他就不会促使自己积极努力工作。很多时候，员工的自发动力是需要外部环境刺激的。

要想成为"自燃型"的人，就要从树立目标、改善认知、提升能力、增强动力方面下功夫。人要专注和享受自己的工作，也要为自己的工作赋予意义。史蒂夫·乔布斯曾问百事可乐总裁约翰·斯卡利："你是愿意卖一辈子糖水，还是跟我改变世界？"我们也可以问，是为养家糊口而工作，还是为创造一个更加美好的社会而努力呢？

许倬云先生说，工作不仅是维持你的生活，也是让你带进社会的一个角落，也是一个连线。工作就是雕塑你自己，让你遇见更好的自己。当不再紧盯着薪水，在工作中探索到更有意义的事，比如提升了认知，开阔了眼界，结识了更优秀的人，就不会觉得工作是苦役，反而是愉快的体验。心理学家弗雷德里克·赫茨伯格有个著名的"双因素理论"。真正激励一个人的是挑战、认可以及个人成长等"动力因素"。

我自己的感受：从来没有厌弃过自己干的任何工作，从来没有后悔过自己的任何选择！做记者，我跑遍了整个系统。做文字工作，我除了干好本职工作，带出一支队伍，还总结了方法，提高了工作效率。

由于工作业绩突出，我成为整个系统中最年轻的高管层干部，后来又主动要求到基层接受锻炼。别人觉得我做某些事比别人做得好，是天生的，只有我自己知道，哪有什么天生的，都是从事上磨出来的。我相信一句话：整天埋怨、牢骚，根本不爱干自己工作的人，那也不可能热爱生活，也很难说热爱自己所在的单位、热爱祖国。

有自驱力的突出体现，就是有强烈的敬业精神。敬业首先是一种精神状态。这种状态，用稻盛和夫的一句话来说就是："付出不亚于任何人的努力。"什么是工作？今天干了明天还得干的是工作。什么是事业？今天干了明天还想干的是事业。我们要把工作当作事业来追求，躬身入局、真心热爱。

敬业，就是出活

如何辨别高潜质人才，什么样的人才堪当大任？不是看他毕业何校，所学何专业；不是看他聪明劲儿怎样，讲得如何；更不是看他爸妈是谁，颜值几许。标准很简单，就是敬业、职业、专业。

敬业，就是出活，发自内心地想把事情做好，做得与众不同，并愿意付出不亚于任何人的努力，能够创造性地开展工作，不只是低质量的勤奋与付出，而是注重结果、成效和贡献。

职业，就是靠谱，有良好的职业精神和职业素养，注重职业形象和底线操守，忠诚尽责，使命必达，不惹事，关键时候不掉链子，值得信赖，让人可以放心交付重要任务。

专业，就是懂行，干一行钻一行成一行，琢磨工作中的关键和诀窍，掌握形成默会知识，学思践悟成为行家和标杆。能把任何一个行当做到极致，能掌握底层规律和通用经验，习得分析问题的运思逻辑和破解问题的操作法门，于是经验可以跨界迁移，通一及万，持经达变，不受具体专业壁垒所限。

接下来三节分别讲述关于敬业、职业和专业的内容。本节先说敬业。

敬业，是一种精神和态度

2021 年开年，网络上披露了一份《2020 大众心理健康洞察报告》，看了让人心情沉重。这份报告由十几家线上机构共同发布，调研总样本覆盖 4 万多人，最终得出的某些结论很震撼：

1. 北大 40% 的新生（本科和研究生）觉得活着没有意义。

2. 81.81% 的受访者有焦虑、抑郁等情绪困扰。

3. 在职场中，50.89% 的人都在经历"无意义感"。

4. "不想工作，只想躺平"。有 60% 的受访者认为，自己正在经历不同程度的职业倦怠。

看到这份报告时，我很心疼这些年轻人。那种找不到人生目标的痛苦，那种对生命否定的"无意义感"，是浮躁的时代在他们身上留下的印记。

在不同的时代，"纷乱浮躁"的含义是不一样的。90后员工的离职率高，已经成为一个普遍性的社会现象。薪资、环境、压力、人际关系……在各种各样的不如意面前，究竟该如何面对，怎样作出抉择？

我想到了日本的稻盛和夫。稻盛和夫出身平民之家，白手起家创办了两家世界 500 强企业——京瓷公司和日本第二电信电话公司，两家企业已经连续 50 多年实现正增长。而他以 78 岁高龄接手濒临倒闭的日航，仅用一年时间就让日航扭亏为盈。这样的经历和成就放在世界范围内也是绝无仅有的。

稻盛和夫被称为"经营之圣"，他的经营哲学是大道至简，就像他的几本书的书名，《活法》《干法》《敬天爱人》等。本质上就是告诉我们怎么做人、怎么做事，怎么慢慢地一点一滴地建构起一个内在的价值坐标，在迷茫当中找到自己的方向。

稻盛和夫高考的成绩不太好，考的大学比较一般，大学毕业之后，因为出身农村，家里没什么关系，很长一段时间，都没找到什么好工作，哪怕入职考试通过了，最后也会被有门路的人排挤掉。

因为沮丧和愤怒，稻盛和夫几次在黑社会武馆的门前转来转去。他想，社会这么不公正，加入黑社会又怎样？

每个人都曾在边缘上行走过，稻盛和夫也一样，所幸他的理智克制了自己。后来，因为他的大学老师内野教授的帮助，稻盛和夫最终进了一家叫作松风工业的公司。失落了这么久，找到工作的稻盛和夫满怀豪情。

但是，他第一次走进松风工业，就感到震惊与失望。工厂和员工看起来毫无活力，整个氛围死气沉沉。员工宿舍的外墙皮已经脱落，好像马上会坍塌。榻榻米也磨损破旧得厉害，积满了灰尘。三餐也没有人管，要自己做饭。

当天晚上，稻盛和夫和其他4个同时入职的大学生聚在一起，不约而同地道出了心声："这么破败不堪的公司，索性早点辞职算了！"

松风工业是日本第一家半导体高压绝缘材料生产企

业，第二次世界大战之前在京都首屈一指。在稻盛和夫入职的 1955 年，松风工业公司已经衰败，高层失和，纠纷不断。

好不容易得来的工作，稻盛和夫还是选择了留下来。他被分配在开发特殊瓷器研究科，专门开发用于影像管的陶瓷零件。到了该发工资的时候，公司却没有发，稻盛和夫的伙食费也只剩一点点。他开始心慌了。

一起进来的同事一个个辞职走了，稻盛和夫也扛不住了，他跟一个同来的大学生一起报考国民自卫队员，两人都被录取了。在办理手续的时候，他的哥哥坚决反对他当兵，拒绝给他邮寄办理手续需要的户籍证件，还从老家拍电报狠狠批评他：

"在没人干活的公司你都做不出点名堂来，你不就是个废人吗?！要是这样就辞职的话，到哪里都一样！"

别人在"躺平"，正是你奋斗的机遇！哥哥一句话就把这个道理说透了！给了稻盛和夫当头棒喝。

从此以后，稻盛和夫努力地调整自己的心态，不再抱怨，下班后不再与同事们聚到一起发牢骚。他把在公司里遭遇的一切事情，当作磨砺自己的机会，聚精会神地投入工作中。

坚持了一段时间以后，原来枯燥的工作和实验变得不再难熬，他甚至逐渐从里面找到了乐趣，激发出了自己工作的兴趣和热情，由此进入一个良性循环，开始了他事业的起点。

稻盛和夫后来能取得那样的成就，与他非常痴迷于工作、极度勤奋敬业是分不开的。当时成立京瓷公司的时候，他对于经营企业是懵懂的，很多东西都不懂。他只是满脑子想着，"不能让公司倒闭，不能给帮助我创业的人们添麻烦"，于是他拼命努力地工作。每天从清早工作到晚上 12 点多，半夜一两点下班是家常便饭。

京瓷公司在创建后不久，曾制造过用于冷却广播机器真空管的"水冷复式水管"。京瓷没有制造这类产品的设备，也没掌握相关的技术。为了做好这一产品，他付出了常人难以想象的辛劳。

为了防止真空管出现干燥不均的现象，稻盛和夫在炉窑附近温度适当的地方躺下，把水管小心翼翼地抱在胸前，整个通宵都慢慢转动着水管，用这种方法干燥，可以防止水管变形，最后解决了这个真空管的难题。

这也让他更加坚定了努力工作的信念，就这样日复一日地坚持，日积月累地努力。越努力越幸运，公司接到了越来越多的订单，从而在激烈的竞争中立于不败之地。

所以，要想在职业发展中有所作为，首先要成为敬业的人，保持积极进取、奋发有为的精神状态，成为"自燃型"的人，至少也是"可燃型"的人，而不要成为"躺平"的"不燃型"的人。稻盛和夫在那样恶劣的情况下都能做出成就，今天，大家工作的条件和环境要好很多，有什么理由不努力？

敬业，是一种途径与方法

敬业既要有好的态度和精神状态，也要找到正确的途径和方法，这是实现目标的"路和桥"。具体来说，就是以实践为课堂，提高能力素质。现在是一个知识更新加快的时代，不学习就跟不上时代的发展，满足不了工作的需要。

要树立终身学习的理念，把学习当作一种习惯，处理好专精和广博的关系，既要有一定的知识面，做到融会贯通，又要有所专注，在一个领域中持续精进。

学习的同时要注重思考，克服网络时代碎片化知识的弊端，形成自己的知识体系，多进行深度思考，培养和提高自己的思维能力，学会从本质上看问题、系统全面地看问题、多角度地看问题，提高自己分析问题、解决问题的能力。

学习、思考都是为了实践，为了转化成实际工作能力，动手实操能力、创新意识、协作精神、沟通协调能力等都需要从实践中锻炼培养出来，要在实践中多学习，多思考，苦练基本功，把理论与实际相结合，练就过硬的本领。

在工作中锻炼，在事上磨，在面对压力和克服挑战中成长，把学习、思考、实践总结贯通起来，提升专业知识技能，增强综合素质能力，为自身发展储备能力，夯实基础。

敬业，更是一种成果和贡献

敬业也是一个结果，就是要出活，拿出成果和贡献来。这里可以以石油行业发展作为例子，因为石油精神是敬业的代表，但并不是有了精神就有了一切，关键是要有业绩和成果，精神是在铸就成果的过程中冶炼升华的。石油精神其实是伴随着大庆油田的成功开发而形成的。

20世纪50年代，国家建设开始执行第一个五年计划，进入有计划的社会主义建设阶段。当时，石油工业是最为薄弱的环节。由于国家严重缺油，首都北京长安街上的公共汽车背上了沉重的煤气包，河南等地的汽车烧起了酒精、木炭，国防部队执勤、训练也受到影响。

1958年，按照党中央、国务院关于石油勘探战略重点东移的重大决策部署，在东北成立了松辽石油勘探局，加紧进行松辽盆地石油勘探工作。1959年，终于在松基3井取得决定性突破，发现了大庆油田，随后组织开展了松辽石油大会战。

"铁人"王进喜就是这个时候，带着1205钻井队从玉门油田来到大庆的,他风尘仆仆一到大庆,不问住哪儿,先问三件事:井位定了没有?钻机到了没有?这里的钻井纪录是多少?

在大庆油田建设过程中,以王进喜为代表的老一辈石油人,克服物资短缺、气候恶劣、技术不足等种种难以想象的困难,在冰天雪地人拉肩扛钻井机具,在井喷的危急关头跳进泥浆池搅动水泥压住井喷,体现了坚强的意志和大无畏的精神。

"铁人"王进喜留下了很多经典的话:"有条件要上,没有条件创造条件也要上。""早日把我国石油落后的帽子扔进太平洋里去。""这困难,那困难,国家缺油是最大的困难;这矛盾,那矛盾,国家建设等油用是最大的矛盾。""恨不得一拳头砸出一口井来。""井无压力不出油,人无压力轻飘飘。""办事情、干工作,不能光图表面,就是要'三老''四严',要里外一样才行。"这些语句非常朴实,但非常感人。"铁人"王进喜说:"宁肯少活二十年,拼命也要拿下大油田。"他因病去世的时候47岁,为了国家的石油事业,他何止少活了20年?

1963年,大庆油田原油产量439.34万吨,占全国647.78万吨的67.8%。1963年12月,周总理在全国人大二届四次会议上宣布中国石油基本自给。从那时起，大庆油田产量一路攀升，最高到 5000 多万吨，持续多年高产稳产。

所以说，敬业是一种精神状态，也是一种结果。既要有好的作风和态度，还要有技术，有知识，讲科学，这样才能取得好的成果。石油工业领域的敬业精神，除了精神层面的收获之外，更有石油工人通过自己的拼搏奉献为国家经济建设作出的贡献。

敬业不是蒙着头蛮干，不能只讲苦劳没有功劳，要坚持结果导向。敬业固然要经常加班加点，但不是说加班加点了就一定是敬业，关键要看是不是取得了好的效果，作出高质量的贡献，无效的付出和低质量的勤奋并不值得推崇。

毛主席说，"人是要有一点精神的"。按照哲学的观点，物质决定意识，意识对物质有反作用。精神激发出来了，也能转变成物质。除了石油精神之外，各行各业也都铸就了各自的精神，如载人航天精神、北大荒精神、塞罕坝精神、"两路"精神……这些精神共同形成了中华民族的精神谱系。

当然，我们也不得不承认，这些精神的传承受到社会大环境的影响，同时也遭遇着"代际困扰""时空隔阂"和"个体差异"。

在当下的时代，很多人特别是年轻一代以为，艰苦已成为过去，物质匮乏更不复存在。在艰苦条件中孕育诞生的各种精神，在今天看来似乎有些陌生。"苦干实干""奉献精神"这些词，似乎显得有点老套，说得多了还常常被视为唱高调。

实际上，这些宝贵精神的核心内涵，能够跨越时代和地域，任何时候都不会过时。其中所蕴含的义无反顾、勇于担当、永不放弃的精髓，越是在艰难困苦的时候，显得越重要；越是在急难险重的时刻，越能迸发力量。

这些精髓是一个人的立身之本，一个组织的立业之基，也是我们这个民族不畏艰难、越挫越勇的内在精神的缩影；它不仅适用于过去，也同样适用于现在和未来。

我们要将这些精神很好地传承下去，在已经全面建成小康社会的今天，每个组织都应该让每一个员工有比较好的生活、工作环境，但不管什么环境，人一定要有信仰、有理想、有事业心，有克服困难、迎接挑战的决心和勇气。要激发年轻一代作为传承人的自豪感，自觉将精神传承下去。

要做好"传帮带"，让新生代员工在优良的传统、良好的氛围中浸润、感悟和体会，一开始就养成良好的职业习惯，"蓬生麻中，不扶而直"，让好传统代代相传，让好的精神在实践的土壤中扎根。要把这些精神的精髓真正体现到工作当中，老一辈人用意志战胜困难的精神壮举，有那个时代特有的烙印。今天，年轻一代工作的内容和环境已不同往昔，但变化的只是外在的形态，内在的精神不应变异和流失。

已有的精神也要与新的时代观念相结合，不断创新和转化，赋予新的内涵，注入新的特质。要更加提倡责任、更加提倡尊严、更加提倡人本、更加提倡价值，建立一个和谐健康、以员工自律为主导、增强员工自我管理意识和创造力的制度氛围，激发每个员工巨大的工作潜能。

这些精神背后不是只有无私奉献的一面，只有悲情、沉重的一面，也要更加提倡愉快工作、激情创造，在工作中体会到孜孜以求、奋斗不息的快乐，体会到创造性工作带来的愉悦和满足。这是敬业精神在新时代条件下的新内涵和新要求。

职业，就是靠谱

职业，就是做一个靠谱的人。"靠谱"，就是稳妥、可靠、值得相信和托付。它是从"离谱"衍生出来的词。如果"离谱"，就会"跑调"走形。现代人借用"靠谱"一词，来形容"行得正"和"靠得住"。靠谱，就是做事让人放心，注重结果，执行力强，关键时候不掉链子，让人可以放心大胆地把重要的事情交给你。

　　过去夸一个人用得最多的词，无非是能力强、聪明、勤奋、自律、努力……但渐渐地，我们发现，这个世界上从来就不缺聪明的人，稀缺的倒是为人处世靠谱踏实之人。靠谱是一种很珍贵的品质，它往往自带一种安全属性，我们与靠谱的人相处，不用猜疑顾虑，不用提心吊胆，有一种从内心生出的踏实，让人放心安心，成为对不断蔓延的信任危机的一种有效对冲。得到"靠谱"

这种夸奖，意味着一个人可靠、可信、可用，是很高的评价，也是职业化的重要标准。

提升工作境界

靠谱，其实是职业素养的体现。职业素养与职业技能，是一个人职业能力的一体两翼，职业技能是枝叶，职业素养是根，只有根深，才能叶茂。

如何理解职业素养呢？可以从认知境界层面来看，有人把工作看成谋生手段，庸庸碌碌，他是用力在工作；有人把工作看成职业选择，忙忙碌碌，他是用心在工作；有人把工作看成事业追求，兢兢业业，他是用情在工作。境界不同，高度自然不同。

曾经有一本很有名的书《把信送给加西亚》，讲的是美西战争期间的一个故事。当时美方有一封具有战略意义的书信，急需送到古巴盟军将领加西亚的手中，可是加西亚正在丛林中作战，没人知道他具体在什么地方，所以很难联系上。于是，有人推荐了年轻的中尉罗文。

罗文接过总统的信时，他第一反应不是问：加西亚将军是谁？他在哪里？罗文心里想到的是：自己是个军人，要服从命令，完成任务，把信交给加西亚。

罗文从华盛顿出发，坐火车、轮船、马车，经过牙买加，到达古巴，一路躲避西班牙军队的大肆搜捕，经过热带雨林、山地等各种地貌，日夜兼程，争分夺秒，风餐露宿，随时可能被发现、丢掉性命。在经历漫长而惊险的路途后，他成功将信交给了加西亚将军，为战争的胜利提供了重要的军事情报。

这个故事给我们几点启示：

第一点启示，勇于承担责任。

《把信送给加西亚》中写道："责任，从本质上说，是一种与生俱来的使命，它伴随着每一个生命的始终。事实上，只有那些能够勇于承担责任的人，才有可能获取更多的成功，才有资格获得更大的荣誉。"

责任说到底是一种自律的品格、一种认真的态度、一种坚定的执着。责任并不是什么高深的东西，但越是朴素的品质越弥足珍贵。

尽责，就是承担应当承担的任务，完成应当完成的使命，做好应当做好的工作。一个有责任心的人，是勤勉、敬业、热忱、主动的，在责任感的驱使下，会保持最佳的精神状态，充满激情地工作，倾尽全力履行自己的职责，将自己的潜能发挥到极致。

第二点启示，忠诚敬业，使命必达。

当接到一个任务时，只有服从了，才会调动积极性去完成，而不是首先去质疑这个任务是否合理，条件是否具备。

一个单位也是这样，决策层制定的企业愿景和目标任务，最终要靠员工来完成，这就要求员工服从企业目标，听从号令指挥，一心一意，坚决落实，使命必达。

第三点启示，强大的执行力是成功的关键。

有个作家说：一张地图，无论多精细，都不可能使你在地面上移动一步。计划和目标再好，只有毫不迟疑地、坚定地执行，才能做成功，才能把一件事情由构想变成现实。

以上三点启示，就是我们强调的职业素养的内涵，就是靠谱的体现，体现的是一种很高的工作境界。它根植于一种良好的职业理念，或者叫作职业精神，包括我们刚才讲到的责任意识、忠诚、担当、服从、信念、原则、执行力等。一个具有高度职业精神的人，能创造一种标杆，打造一种品牌，形成一种典范。

现在流行"整顿职场"的说法，意思是新生代的员工已经不愿意遵循传统的职场要求，他们通过直接表达诉求、争取权益等方式，表达对职场中不合理规定的不满和反抗，也因此有了"年轻人难管"的结论。我们要理性地看待这种思潮和背后的想象。其实总体上，年轻人的就业状态是在恶化的，工作更难找，优质的工作岗位比例在降低，同时所谓"整顿职场"更多的只是个案被放大了，而不是整体的现状，不能因此对年轻人戴上有色眼镜。

所谓年轻人整顿职场，根源在于传统模式出现了裂缝。一是资本利得大于劳动利得，使最底层的劳动者不满，而新生代已不甘于被动接受。二是传统官僚主义科层制的僵化管理产生的异化，让思想活跃、价值观多元的年轻人产生了西方马克思主义意义上的"日常生活中的抵抗"。三是在生产力三要素中，由于劳动资料和劳动对象的变化，带来了劳动者心理和行为的相应变化。

社会学、管理学问题，本质上都是政治经济学问题，也都适用阶级分析法。"996"是应该谴责的，资本是贪婪的，但对于更多的中小企业主，鼓吹整顿职场的正当性和劳动者的抵抗，其实是双输，对于这些为社会提供就业、本就在勉力求生的雇主是不公平的，让他们面临的本就不友好的环境更加恶化，进而对劳动者入场提出更严苛的条件。

而在劳动者一端，大部分所谓整顿职场的人都是自发的，只有少数人能通过技能提升获得职场主动，或者因为掌握管理资源去改善小环境，大部分人只会在与体制的对抗中变得边缘化，或成为非职场人。如果没有自觉自主意识，在潮流的裹挟中，最终还是会成为新的犬儒。

因此从这个意义上说，不管就业环境有何变化，职业精神和素养的内涵是不会有太大变化的，职场永远欢迎有着良好职业态度和更高工作境界的人。

把握职场逻辑

职业素养体现为遵循职场逻辑。所谓职场逻辑，就是在职场中所体现出的事物的逻辑排序和逻辑关系。职场逻辑主要包括：价值逻辑，职场人应该是价值观稳定的，这样工作、学习、生活才有秩序，别人才会有稳定的预期；情感逻辑，职场人应该重理性，控情绪；工作逻辑，应该是先工作，后生活，享乐在先与任何组织的价值取向都是背道而驰的；管理逻辑，是法在前，情在后。中国是人情社会，但组织内不能人治，必须制度在先，适度考虑人情。

百度前总裁陆奇，被行内人称为"流动的原则"。他之所以成为职场的标杆，不只是因为他的职业能力，更因为他的职业理念和对职场原则的坚守。他坚持的一些原则包括：

坚守价值观。他出任百度总裁后，做的第一件事情，就是裁撤了医疗事业部，撤销了医药类竞价排名，因为他认为这是在做不对的事情，再赚钱也不能做。

永远正能量。不管遇到什么困难，在他那里，你永远听不到抱怨，也永远看不到消极情绪。

高度自律。每天5点到办公室上班，7点前处理完所有邮件，8点前做好当天工作计划，9点开晨会，22点下班学习一个小时，23点上床休息。

另外还有每天学习，把公司工作当成个人事业，从我做起，等等。所以有人说，一个人之所以值钱，是他的原则值钱，其实就是他的职业理念值钱。这样的人，想不得到别人的信任和赏识都难，一定会是职场中出类拔萃的佼佼者。

遵循职业规范

职业规范，就是适应职业需求，在言谈举止方面应该有的一些规范。包括：

职业仪表，特别是在公共场合与对外交往时要注意仪态仪表，端庄自然，让人舒服，让别人感受到你的真诚和尊重。

职业着装，有时候有特定的要求，没有要求时也要注意，衣着不一定要多么昂贵，但是要整洁大方，不能过于随意。

职业行为，比如要认真负责，执行力强，能够沟通合作，安排的事情事事有回应、件件有着落，等等。要乐于与人沟通，能与人合作，多补台不拆台，按照职权开展工作，不越权，不撂挑子。这方面如果有问题，发生几次还不改，领导和同事就会有看法，影响职业的发展。

这些行为规范，要把它内化成一种习惯。我们说，思想塑造行为，行为变成习惯，习惯形成性格，性格决定命运。比如，我们做一件事，不是把事情做完就行了，完成任务就不管了，而是要做到位。

什么叫做到位？简单说，汇报工作说结果，请示工作说方案，总结工作说流程，布置工作说标准，交接工作讲道德。在向领导汇报工作时，不但要提出问题，还要一并提出解决问题的建议，在工作职责范围内，拿出拟办意见、思路和方案。这既是一种好的习惯，也是对自己工作能力的锻炼。

比如，曾国藩在与上级沟通方面，就经历了从情绪化到平和、从鲁莽到理性的提升过程。早年在遇到一些事时，他性子一上来，就不管不顾，大倒苦水，一味指责他人，提各种不切实际的要求，效果自然不会好，想办的事情也很难办成。

后来经过反思，他有了很大的转变，能够立足于上级的角度换位思考，思考问题更周全，态度更平和理性，无论是带兵与太平军作战，还是开启洋务运动，提出的很多建议都得到了上级的首肯，实现了预期的诉求。这些其实就是就重大事项与上级沟通的有益经验，体现了良好的职场理念和心态。

曾国藩的经历对我们今天的职场沟通也有启发。现代管理学中有一个"向上管理"的理念，或者叫"管理上司"，管理学大师德鲁克这样说："上司对于经理人员的业绩和能否成功起着关键作用，其重要性无人能及。"进而，他为管理者总结了"管理上司"的"四大注意两大禁忌"，核心都跟一个问题有关："怎么做才能帮助上司，做什么会妨碍上司？"

向上管理，其实是一种信任交付的过程，也是一个影响力发酵的过程。让上级感到信任，获取一定的话语权，就能参与和影响上级的决策。而信任这种联系的建立，需要有效的沟通，通过信息交换和思想碰撞，双方凝聚更多的共识，减少沟通成本，形成决策合意。

如何向上级汇报，也是一门学问。从曾国藩带兵作战时期的很多奏折来看，作为一个汇报高手，他把握了四个词：

一是"及时"。重点工作的进展，分阶段多次汇报，确保信息沟通顺畅。在军情紧急的情况下，平均两旬汇报一次，遇到大捷或者大的困难，则尽快上报。在当时的通讯条件下，不可谓不勤。这既是为了让上级安心，也是为了获取有效的支持。

二是"专业"。书生练兵，难免容易被人看成外行。要打消别人的成见，就要以更专业的素养和识见来说服人。曾国藩在汇报工作时，显得胸有成竹，谋划清晰，调度有序，筹备周全，认真办事的劲头跃然纸上。

三是"严谨"。知道上级关心，所以曾国藩把工作进程、具体部署、家底情况等，择其要者进行汇报，细致、翔实、清晰，让人一目了然，体现了严谨扎实的作风。

四是"合意"。汇报工作的最终目的，就是上下级形成共识，同气连枝。将自己的工作安排报告给上级，给予上级进行指示和参与的机会，是提高沟通效果的法门。强调共同目标，拉近相互间的心理距离。

他很注意真诚恳切地表明态度，获得上级的信任与支持。委婉地反映问题，提出诉求，比如有时遇到军饷没有着落、筹集军备不顺利等情况，虽然有种种困难，但自己依然以公事为重，不讲条件，这样就把供索双方纳入一个战壕，把利益差异变成利益同向，让上级知道自己的实际困难，为后续请求支持做了铺垫。

汇报还有很重要的一点，应该做到要言不烦。就是说，紧要的、关键的言说不能烦琐，要简约清晰。我们说大学问家最大的特征是化繁为简，深入浅出，用家常话讲大道理。

政治家、军事家、教育家更应该是化繁为简之高手。工作汇报更要如此，因为领导的时间都很宝贵，如果舍简取繁，把话说得含混不清，要么是水平不够，要么是有难言之隐，不想把话说明白，那就谈不上具有很好的职业素养。

养成职业态度

要想具备良好的职业素养，就得对自己狠一点，养成良好的职业态度。其中很重要的一点是，要有较强的责任心。

责任是什么？一是担当起某种职务和职责，二是做好分内的事，三是承担做不好事而应该承担的惩罚。

什么是责任心？责任心其实就是责任感，是履行责任的动力，就是我们常讲的在其位、履其责、谋其事、尽其心；就是信得过、靠得住、过得硬；就是能挑100斤，决不挑99斤；就是要精心、精细、精准、精致地做好每一件事。要本着"事无巨细皆职责"的工作态度，踏踏实实干好每一件事。要有耐心、恒心和毅力。要多一些专心致志，少一些心浮气躁；多一些跬步千里，少一些朝三暮四；多一些全始全终，少一些虎头蛇尾。

　　进入职场开始工作，大多面临的是一些细小、琐碎、繁杂的具体事务，这些事情看似虽小，却能够牵一发而动全身，如果不认真仔细，就可能使其他人的工作受连累，影响全局，甚至捅娄子、出问题。

　　我们每个人的工作都是整个责任链条上的一环，要做到自己不满意决不交给下一环节。90%×90%×90%×90%×90%≈59%，五个环节上的90%将导致工作质量仅为59%，就不及格，有时甚至是1%的疏漏就会造成100%的错误。

　　接手的工作要用尽全部力气，出手的工作要代表自己的最高水平。如果在自己这个环节掉链子，对你的评价就不是"靠谱"，而是"离谱"。

　　靠谱，说起来简单，落实下去复杂；听起来像感觉，做起来是原则。军舰上舰长下命令的时候，操作人员必须在做出相应动作的同时对他的命令复述一遍，比如舰长下达命令"左满舵"，操舵兵在将舵轮打到左满舵位置的同时一定会说一句"满舵左"，这就是"事事有回应"。

　　做事靠谱体现在工作的全环节、全链条、全过程。接受任务前，必问标准，包括完成时限、任务目标；完成任务的过程中，养成汇报习惯，防止没有理解清楚领导意图；任务交付时，若现实大于心理预期，领导和自己都会感到格外满意。

　　如何成为一个职业人，推荐大家读一读德鲁克的作品，他有一本书《卓有成效的管理者》，还有一篇文章《自我管理》。

　　在《卓有成效的管理者》这本书里，贯穿其中的一个完整逻辑是，组织的命运取决于团队创造的成果，组织成果源于外部的机会、组织的有效决策、每个人的长处的发现与发挥、组织对个人"自我发展"的激励，最终这一切皆源于管理者"自我管理"的有效性。

　　很多人认为，只有管理别人的才是管理者。而德鲁克说，人人都是管理者。在一个现代组织里，如果一位知识工作者能够凭借其岗位和知识，对该组织作出贡献，影响该组织的经营能力和达成组织的目标，那么他就是一位管理者。

也就是说，组织中的每一位知识工作者和专业人员，即使他没有职权，没有下属，只要他能为组织作出突出的贡献，那么他就是管理者，是自己的 CEO。

德鲁克说，人人都可以做到卓有成效，卓有成效是可以被学会的。卓有成效并非与生俱来，而是一种后天的习惯，可以通过后天的学习来实现。一个人要想做到卓有成效，必须在实践中不断经受磨炼。

怎样才算是卓有成效？就是把工作当成事业来干，对工作有浓厚的兴趣，发自内心的喜欢，这样才会用心去思考，才会更加专注，钻研比别人更加透彻，发现别人发现不了的规律和问题，并主动去解决问题。

作为卓有成效的管理者，在接到任务时，首先自问："领导期望我做出什么成果？""工作的目标是什么？""用什么方法做会更好一些？"这也就是说，行动之前，我们要清楚地知道：想要什么？要有什么？怎么去获得？有效的管理者要重视对外界的贡献，更多地关注做出了什么成果。

德鲁克还介绍了一些实现卓有成效的方法。包括要掌握自己的时间，做好时间管理；要事优先，把重要的事情放在前面先做，每次只做好一件事；要发现和发挥自己和别人的长处，包括领导、同事和下属。

一个人，只有先管理好自己，才能管理好别人。人最大的敌人和对手，不是别人，而是自己。自知者明，自胜者强。能够战胜自己的人，才是真正内心强大的人，才能够不断突破自己，提升自我，成就自我。

提升职业态度，要处理好五个关系：一是分工与合作的关系，避免本位主义；二是内容与形式的关系，避免形式主义；三是服务与管理的关系，避免官僚主义；四是常规与创新的关系，避免经验主义；五是重点与一般的关系，避免事务主义。

对初入职场的新人来说，特别要避免成为事务主义者，或者叫伪工作者，就是每天忙于应付事务性工作，却没有创造多少价值。一个优秀的员工，应该善于找到最重要的工作，并且优先完成它们。

要站在"做什么事情能给组织创造最大价值"的高

度去工作，而不是简单应付任务交差。特别是在知识型组织中，员工的主动性很重要，要明白积极工作的最大的受益者是自己。

专业，就是懂行

俗话说，三百六十行，行行出状元。这句话的意思就是，首先承认社会上有各种各样的分工和专业，然后不管干什么，只要刻苦钻研，就能干出成就，成为这个行当的行家里手，成为高手、专家和大拿。

大前研一在《专业主义》这本书里，提到一个观点，一个人并不会因为有了一份专业的工作，而自然成为专业人士，真正的专家，除了专业技能，还应该信守一份职业承诺，这样才称得上专业主义。

持续精进

对于做事如何精进，中国古人有"奴、徒、工、匠、师、家、圣"七重之说。

"奴"具有三个显著特点：其一是生长在敌对的环境中；其二是没有自由，只是附属，既不能自主决定做什么，又不能占有自己的劳动成果；其三是没有思想，虽然在生物学上是人，但只是"工具人"。

何谓"徒"？徒的本义是步行。周代盛行车战，车后跟着步行的兵叫"徒"，师徒是率领步兵的意思。随后词性进一步变化，其中一种就是现代意义上的"师徒"，师傅和徒弟。为徒最关键的就是要"随"，不仅是身随，更主要的是心随。

何谓"工"？甲骨文中"工"是工匠的曲尺，本义是"工具"，引申为做工的人，再引申为"巧妙""细致"的意思。作为做事境界的"工"，就是指按规矩将事情做好。工的阶段是一个格物致知的过程。为工，在于求精。在徒的阶段，学会了某种技能或方法，应用于实际时，一定要秉持精益求精的理念，把事做对，做好。

不能潦草敷衍，不能奉行"差不多"主义。正是因为求精，事才能办得"巧妙"和"细致"，才能实现对师傅的超越。

何谓"匠"？匠是会意字，从匚（fāng），盛放工具的筐器，从斤（斧）。工具筐里放着斧头等工具，表示从事木工。引申为对在某方面有特殊造诣的人的尊称。为匠者，在于"专"。匠有手艺，专于并精于某种技术。在自己的专业领域内，追求完美和极致，对自己的手艺精益求精，能够化梦想为现实，这也是我们倡导的工匠精神。

何谓"师"？师为古代军队的一种编制单位，由此引申为军队。作为做事为学境界之一的师，不是现在一般意义上讲的老师，而是"大师"：掌握某个领域的规律，见众所未见，并能将其所见传授给他人，为人所效仿。为师者，重于德。无德成不了师，充其量只是个技术高手而已。

何谓"家"？古代贵族死后一般建"庙"以便后世祭祀，平民百姓没有资格和能力建庙，往往是后廊下摆上豕（猪）用来祭拜，这就是"家"的由来。家是最小的社会单位，家庭成员因血缘关系而牢固地联系在一起。

由此家又引申为学术、艺术等流派。作为做事为学境界之一的家，就是指在某个领域开宗立派，有一套有别于他人的信念体系，并基于这样的体系，形成丰硕成果。为家之道，在于信。对理想的坚守和不懈追求，是成家的基础。

何谓"圣"？圣的繁体字为聖。意思为：耳能听之，口能言之，身能行之而王天下！本义指通达事理，后称道德智能极高超的理想人物为圣人。

要在职场上持续精进，就要从比较低的层次不断上升到更高的层次，这样才能使自己的技能越发提升，从而承担起更重要的责任，同时领略到不同的风景，锤炼自己的心性，提升自己的认知水平。

终身学习

如何让自己变得更专业？很重要的一点是要通过终身学习，建立知识体系与学养框架。我们每天接触大量信息，经济、文化、军事、天文、生活、娱乐，传统文化、现代文化，文字、影像、声光无所不包。我们每个人都处在知识的海洋中，但是这个海是不断流动变化的。

我们每天和大量的知识接触，每天也和大量的知识失之交臂。要把世界上所有知识记下来是不可能的，但我们可以使每天接触的知识有选择地积淀下来，并且内化成为自己的东西，这就需要建立一个好的知识体系和学养框架。

知识分为显性知识和隐性知识，或者叫默会知识，默会知识需要在实践过程中去体悟和掌握，显性知识更多通过读书学习等方式获取。知识也可以分为通用知识和专业知识，通用知识让一个人更博雅，专业知识让一个人在专业领域有更高的造诣。

每一个专业，不管是勘探地质、钻井，还是经济法律，都有自己的专门知识，这些专门知识是这个行业的通用语言，是提升能力、做好工作的基础。我们需要掌握一个专业当中最重要、最核心的那些知识，比如哪些是原典的，哪些是底层的，哪些是最前沿的，从而知道这个行业是怎么来的，最主要的脉络是什么，大家共同关心的问题是什么，未来的发展趋势怎样。

一个人只有建立了自己的知识框架，在知识的海洋中打下知识体系的四梁八柱，那些日常浏览的知识才能够像海藻一样在海洋中有所依附。随着知识越来越丰富，知识梁柱也会越来越粗，最终搭建起稳固的知识平台。

我们读书要分阅读和浏览，要分精读和泛读。如果分不出阅读和浏览，对知识就是没有选择的，分不出精读和泛读，就建立不起自己的知识框架。每个人都需要通过精读来建立自己的知识框架，没有通过精读建立知识框架的人，是不可能成为真正的专业人士的。精读的内容可以根据自己所从事的专业和职业规划选择，它会形成你人生中最重要的理念和视角。

建立知识体系，最需要精读的是经典。每个专业都有自己的经典，同时我们还有一些通用的经典。但大家的困惑是：读经典那么难，读了有什么用？再就是，现在的信息化时代带来的是碎片化阅读，如何去读经典。

读经典有没有用？这要看怎么衡量读经典的作用。它不会直接带来钱，也不会洗衣做饭，所以肯定不如一本炒股的书、一本编程的书有用。但是我们读书的目的是什么呢？我们不能抱着一种挖矿的心态去读书，希望在里面挖出金子，挖出比特币来。如果用功利的心态去读书，它也会以功利的心态对待我们。

6

专业，就是懂行

　　如果我们用不那么功利的眼光，而是用一种延迟满足的态度看的话，读经典肯定是有用的。它能让我们更深刻地理解历史、社会和某个行业，知道过去曾经发生了什么，前人是怎样想的，这些能改变和塑造一个人，让人变得更加有见识，更加有目标和意志力，更加有同理心和同情心，获得一种人性的宽广和对事物的洞察。

　　与古往今来的智者对话，与大量的经典对话，会让我们变得更加自信，更加从容淡定。当遇到挫折的时候，会有更多的内心力量；当取得一点小成绩的时候，不会忘乎所以；当迷茫的时候，会发现古往今来伟大的人都迷茫过，但他们最终都走出了迷茫，找到了人生的目标和方向。

　　比如读历史经典，读史使人明智。苏东坡小时候曾读到《后汉书·范滂传》。范滂是东汉末年一个非常正直的大臣，因为触犯权贵而遭到迫害，但他的母亲深明大义，大力支持范滂，还以有这样的儿子而骄傲。

　　苏东坡读到这里非常感动，问自己的母亲程夫人说："如果我长大后，像范滂一样舍生取义，您会允许吗？"程氏回答说："你能够学范滂，难道我就不能学范滂的母亲吗？"

范滂的事迹和母亲的话，从此印在苏东坡的心里，所以才有了后来的苏东坡。他总是仗义执言，为民请命，虽然坎坷不断，但初心不改，而且总是那么乐观豁达。你能说读历史没有用吗？

毛泽东也很喜欢读历史，一本《资治通鉴》他通读过 17 遍。他年轻时读过一本《读史方舆纪要》，讲的是中国史书中的地理和地形，并且和历史上的军事战争联系起来讲。

毛泽东从这里读到的就是"山川险易，古今用兵战守攻取之宜"，后来革命战争中上井冈山，长征四渡赤水，巧渡金沙江，靠的都是对山川地形的了解。这就是从历史中汲取的知识力量。

我再举个身边的例子。我上大学时比我低一级的师弟，非常优秀，一门心思要从政，大学毕业时找工作，他有两个选择，一个是到省会城市一个大机构当科员，另一个是到某县下面的乡镇去工作，我们关系比较好，我那时候已经工作了，他来问我。我知道他心里其实已经有选择了，只是需要一个理由说服自己，说服家人，下一个决心。

我给他讲了历史上胡林翼的故事。胡林翼是湘军真正的创始人，与曾国藩、左宗棠、彭玉麟并称为"中兴四大名臣"。他早年是一个官二代，花花公子，父亲去世以后家道中落，才认真读书，立志干一番事业。

他30来岁捐了个知府的官，那时一般人都想去富裕地方，轻松还能捞钱，胡林翼反其道而行之，去了贵州当知府，贵州经济落后，盗贼横行，他觉得这样的地方才能显出自己的才干，干出业绩。

果然，他在贵州很快就肃清了土匪，干得很好，引起朝廷的注意。后来没多久遇到太平天国起事，这样的人自然会受到重用，几年之内就从知府一路升到湖北巡抚，并且直接推动了湘军的建立。

我说了这个故事，我那个师弟就明白了。他选择了去乡镇。在乡镇工作几年，积累工作经验，后来因为能力突出，调到县里，又调到市里，工作几年，就到了一个县级市当市长，也干得很出色，前两年因为选拔优秀年轻干部，机遇比较好，他被选拔为团省委副书记，现在已是一个地级市的市长。

这个例子，也说明了我们可以从历史人物身上学习，汲取经验和人生的智慧，在人生重要关头作出明智的选择。

所以读经典肯定是有用的。怎么读，我的体会是：

第一，自己去读，不要让别人代替你去读。现在有一些听书软件，但这些听书软件传达的都是二手知识。

所以要自己去读原文读原典，同时要加入自己的思考去理解，消化，反刍，结合自己的实际和体验来融会贯通。比如小学生写作文，可以引用培根的"知识就是力量"，但我们现在再来看这句话，就得去理解它提出的背景，它的历史影响，它的哲学含义等，这样学习的内容就不是死的，而是活生生的。

对很多流行概念，比如斜杠、"996"、共享经济、"躺平"，我们也要看这些词到底有什么价值，是不是真问题，值不值得讨论。

第二，有选择地读。要读经典，但经典那么多读不过来怎么办？这就得有所取舍。如果只能读其中一部分，那应该选那些最重要的著作读物。

比如你要了解中国的历史，那就绕不开司马迁的《史记》。虽然它记事起于传说中的黄帝时期，迄于汉武帝时期，但是它确立了中国人的基本历史观，就是"究天人之际，通古今之变"，从中我们还可以知道汉朝以前人们的思想观念和情感世界，以及对历史和人的看法。

6

专业，就是懂行

项羽在很多人看来是一个失败者，但《史记》不惜笔墨，把项羽放在与帝王同等地位的本纪里面。这说明我们古人并不完全以成败论英雄，不是以智力相雄长，为成功而不择手段，古人的精神世界有时比我们更宽广、更丰富。

再比如黄仁宇的《万历十五年》，用西方近代以来的历史观念去反思和解构中国的历史，给了我们不一样的视界和启示。所以要了解一个学科、一个门类，就要去找到这个领域里面最好的权威的著作，对它有一个结构性的把握，了解基本的范式，主要的原理和理论的演变。

你要了解中国古代哲学，可以看冯友兰的《中国哲学简史》；了解西方哲学，可以看罗素的《西方哲学史》；学经济学，可以看曼昆的《经济学原理》和萨缪尔森的《经济学》。诸如此类。你先竖起一个知识地基和柱子，有一个平台，再在上面建房子，搭建框架，这就是形成自己知识体系的过程。

第三，输入和输出相结合来读。光输入不输出，学习效率也不高。输出的方式可以是与人交流，也可以写一些读书心得，或者与人分享，这是一种以写促学、以教促学的方式。通过这些方式能够加深对学习内容的理解，使自己的知识框架更加完整，更加体系化、条理化。和别人分享，受益最大的是自己。

关于碎片化阅读的问题，我不觉得这是一个问题。很多经典本身就是碎片化的，《论语》是碎片化的，《蒙田随笔》是碎片化的，体现苏格拉底思想的《柏拉图对话录》也是碎片化的，但并不妨碍它们表达深刻和优美的思想。

现在网络时代，确实有很多鸡汤、成功学等快餐文化，有一个说法是，朱自清再看到荷塘月色，可能不会写一篇散文，而是会拍个照片发个朋友圈，写句"今天的荷塘好美啊"，就没了。大家说网络文化是对经典的摧毁，但这个时代，还是有一些好的东西沉淀下来，需要我们去发现和辨别。

再说，还有那么多经典名著等待我们阅读，这几年"书香节"数据显示，经典书籍销量是在上升的，说明越来越多人的阅读品位在提高。我们完全可以用碎片化的时间来学习。

现代人，如果不是专业学者，很难有大量的整块的时间去学习，利用碎片化时间学习是符合实际的。但学习的内容、思想的层次不能是碎片化的。

有一个统计，现代人每人每天平均有 2.6 小时使用网络，刷朋友圈、看今日头条、看抖音，一个月在这些事情上花的时间是 78 小时，三天多，如果用这些时间来读书，至少可以把《论语》《孟子》《大学》《中庸》《世说新语》《诗经》全部读一遍。我们完全可以把利用碎片化时间学习作为接近经典的一种途径。

保持专注

提升专业水平，离不开专注和认真。专注是这个时代最稀缺的品质和能力，有一次，沃伦·巴菲特和比尔·盖茨同时受邀参加一个电视节目，主持人问："你们认为，在当前这个时代，最珍贵的东西是什么？"两个人不约而同地给出了同一个答案："focus（专注）"。

第一，一时的专注，提升效率。在这个时代，无数信息抢夺着我们的注意力，当生活日趋碎片化，思路也会变得混乱，做事效率就会变得低下。多任务并行，看似节省了时间，实则是让那些不重要的事情消耗了你的精力，扰乱了原本的计划，拖慢进度。

生活中，我们时常追求一种全神贯注、充满愉悦和满足感的状态，这种状态被称为心流（Flow）。心流体验让人感觉时间似乎停止了，一切都变得自然而流畅。心流是由匈牙利心理学家米哈伊·契克塞尼米哈伊（Mihaly Csikszentmihalyi）于20世纪70年代首次提出的概念。它描述了一种人们在全神贯注的状态中体验到的心理状态。在心流状态下，人们感到高度专注，自我意识减少，时间似乎流逝得非常快，且行为伴随着自然的流畅感。

心流通常具备以下特征：一是目标明确。在心流状态下，人们通常追求明确的目标或挑战，这些目标能够提供适度的挑战，但仍然是可行的。二是全神贯注。心流体验需要全神贯注，即将全部注意力集中在当前任务或活动上，排除了其他干扰。三是清晰反馈。在心流状态下，人们能够清晰地感知到他们的表现，因为有即时的反馈。四是感知时间变化。心流状态下，时间似乎流逝得更快，人们可能会忘记自己身处何地，因为他们的注意力完全集中在当前任务上。五是自我消失。在心流状态下，自我意识减少，人们不再担心自己的外貌或社交形象，而专注于任务本身。

实现心流体验不仅带来愉悦和满足感，还有许多其他益处：一是提高创造力。心流状态有助于激发创造力，因为在这个状态下，思维更加开放，创意更加丰富。二是增强学习能力。心流状态下的学习更加高效，因为全神贯注能够加深对知识的理解。三是减轻压力。心流状态下，焦虑和压力减少，因为注意力完全集中在当前任务上，减少了外界干扰的影响。四是提高自尊心。成功地实现心流体验会提高自尊心，增强自信心，因为你感到自己能够克服挑战。

要在工作中实现心流体验，享受这种愉悦的心理状态，可以从几个方面着手：一是选择具有一定挑战性的任务。心流通常发生在任务难度和个体能力达到平衡的情况下。选择具有一定挑战性但又不会过于有压力的任务，以激发心流体验。二是全神贯注。集中注意力，将全部精力投入当前任务中。营造一个没有干扰的环境，比如关闭手机通知等，确保可以全情投入。三是目标明确。设定明确的目标和计划，以知道自己在做什么，这有助于提供方向感和动力。四是专注于过程而非结果。

将注意力集中在当前活动的过程中，而不是担心最终结果。心流体验通常发生在全神贯注于活动本身时。五是注重反馈和学习。在心流状态下，能够感知到即时的反馈，这有助于持续改进。可以将心流看作一个学习的过程，不断提高自己的技能。六是创造产生心流的环境。为自己创造一个适合心流体验的环境，需要一片宁静的地方、适当的工具和资源，以及充足的时间。七是要有耐心。有时心流状态不会立即出现，要有耐心，持续尝试，逐渐培养实现心流体验的能力。

人有时候需要做的事情很多，但是真正重要的，其实就那么几件。把更多的精力放在真正重要的事情上，专心致志，修炼专注力，一次只做一件事，才能做好每件事，才能更有效率。

第二，长久的专注，成就专业。在这个快节奏的时代，人人心中都焦虑，不论做什么，总是一山望着一山高，生怕稍不留神，错过了通往成功的顺风车。其实真正的成功，往往靠的不是一时的运气，而是长久的专注累积的专业能力。再平凡的行业，如果你足够专注，都可能通往成功的彼岸。

杨容莲是香港一个不识字的农村妇女，年轻的时候经人介绍到剧组做了一名茶水工，一做就是 30 年。虽然她的工作只是最不起眼的端茶送水，不需要什么技巧，但就是这样一份普通的工作，她却用了 100% 的心意与专注力。

别人端茶倒水，往往敷衍了事，杨容莲却为了做得更好，费尽了心思。

她每天都提前两个小时到场，把泡好的各类饮品装在大家的保温杯里，贴好名字，做好标记，排列整齐，再一一送到每个人手里。

她能记住每个人的习惯与口味，不论明星红不红，她都一视同仁，贴心照顾，从不疏忽。有的演员身体不适，她会贴心地换成热饮，多加照顾。

2018 年 4 月，金像奖将"专业精神奖"颁发给了茶水工杨容莲。香港影坛里的导演和演员更是对她称赞不已，再大的腕儿，也要尊称她一声莲姐。

当一个人拥有了这样的专业精神，就没有什么事情做不好。把一件事做到专业水准，胜过敷衍了事地做很多事。

罗曼·罗兰说："与其花许多时间和精力去凿许多浅井，不如花同样的时间和精力去凿一口深井。"长久的专注，量的积累过后，便是质的改变，而所谓的成功，不过是一个顺带的结果。

第三，一生的专注，获得幸福。专注于一件事，心无旁骛，宁静自由，那是真正的幸福。

著名翻译家许渊冲先生 2021 年 6 月 17 日上午在北京逝世，享年 100 岁。许渊冲早年毕业于西南联大外文系，1983 年起任北京大学教授。他从事文学翻译长达 80 余年，译作涵盖中、英、法等语种，先后获得"中国翻译文化终身成就奖""北极光"杰出文学翻译奖，他是首位获得"北极光"杰出文学翻译奖的亚洲翻译家。

他说，"文学翻译是为全世界创造美，文学翻译要把文学味翻出来，我这一辈子就做这一件事。每一句诗词变成另外一个美的语言，没有固定的方法，我费了毕生之力，还不敢说就找到了。这是值得一辈子去做的事情"。

北京大学的畅春园里，他家的灯，常常亮至深夜三四点。他坚持每天翻译一页莎士比亚的作品，工作到深夜，是他的生活常态。

有人说，这对一个出门都要拄着拐杖行走的老人而言，太过辛苦，但他醉心于翻译时的专注、沉醉、满足，

专业，就是懂行

他觉得这是一种幸福。这就是专注于所爱的事业得到的快乐。幸福于他，如此简单。

专注的精神，是一个人最宝贵的财富。古罗马著名哲学家西塞罗说过："任凭怎样脆弱的人，只要把全部的精力倾注在唯一的目的上，必能使之有所成就。"

现在的网络媒体制造了很多新词新概念，但其实没有什么内涵，比如"斜杠青年"这个词，就是指在工作之外再去发展另外一种职业，出自一个美国专栏作家的一本书，叫《双重职业》。

一个人能够成功，究其原因，其实无非两点，一个是天赋，另一个就是我们所说的专注。这几年因为新媒体的发达，大家看到很多人有很多所谓的身份和头衔，既是、又是、还是。

当今社会，我们不缺"斜杠"的人，我们缺的是专注的人。因为每个人的时间和精力都是有限的，而社会分工细化，每个行业都竞争激烈，能把一件事做好就很不容易了，很专注、足够坚持，才能在一个行业、一个领域里面成为佼佼者。

大家也要注意到，跨界成功的那些人，往往是在一个领域已经做得很出色了，之后再去做别的，而不是一开始就今天弄这个，明天弄那个。一个事情都没弄明白，还去弄其他的，只能是自欺欺人。所以在当今社会，"斜杠"不稀奇，专注才稀缺。

我们有时候看的都是表面，比如说一个人有很多身份，他在许多方面做得也确实很好，那我们要看到他背后的本质性东西，因为背后的核心竞争力是一以贯之的。比如说一个人既是画家又是摄影师还是设计师，如果三个都做得很好，那其实他真正的技能是对美的感觉。

比如鲁迅，他生活在现在可能也会被贴上"斜杠青年"的标签，他是公务员、小说家，又是文学评论家、翻译家、版画家，还是书籍设计师，但本质上他是一个有思想和艺术创造力的人。相反，一个人如果既是画家，又是人工智能专家，还是经济学家，然后还是一个石油钻井专家，那么他可能没有精力和能力做好任何一项工作。

天才不是没有，但什么都懂的人极少。张五常是一个很不错的经济学家，国际学术界评价说，张五常是华人经济学家中最接近诺贝尔奖的一个。张五常也不是什么都懂，他发表的一些言论或许也经不起推敲，但是并不妨碍他是一个很好的经济学家。

专业，就是懂行

人在受教育阶段，可以博雅、通识，多接触一些事物。但对于刚进入职场的青年人来说，应该先专后多能，首先还是要让自己专业，找到自己的特点和优势，然后足够专注和坚持，成为一个领域的佼佼者，也就是在一个领域里面深耕细作，把一个行当弄得非常明白后再去想其他的，成为多能。

专精和广博二者并不矛盾。真正的复合型人才往往是在专业训练和提升的过程中，成为某方面的专家，然后将积累的经验、掌握的规律和底层的思维方法迁移应用到相关领域，通一经而后通百经，触类旁通，做到所谓的多能。

现在社会分工那么细化，很多事情是可以外包的、可以协作的。做专业性工作和技术工作首先更应该专。管理工作可能需要接触更多方面，但管理本身也是有专业性的，也要在实践中不断提高，所以同样需要专业的方面。

社会上有些特定的职业，比如记者、咨询行业从业者，需要广泛涉猎、快速学习，但这个广博一定程度上是以丧失深度认知为代价的。

只有专，才可能多能，如果一开始就多能了，那就很难专。"复合型人才"这个名词挺好听的，但不是年轻人一开始该考虑的，那是组织部门和领导该考虑的。你如果确实在一个方面做得响当当了，而且潜质很好，领导自然会给你机会和平台让你去历练，去接触多方面的工作，你自然就成为复合型人才了。

专更侧重于学养、思维方式等方面的底蕴，多能更侧重于实践能力和操作，一定是前者优先于后者。

根本不用担心太专了、这口"井"太深了就跳不出来了，不存在的。不管是经理、书记，还是部长、总理，需要的能力大多是在专业的基础上后天历练和培养的。

当然，如果有人天赋异禀，或者觉得只做一件事太单调，就是想多体验一些事情，我们也尊重他的选择，我们这个社会应该有选择的自由。有句话说，刺猬只知道一件事，狐狸知道很多事。特别优秀的"刺猬"和"狐狸"，都值得尊敬。

苦练基本功

磨炼专业技能，很重要的一点是要具备工匠精神。"工匠精神"这个词大家不陌生，这些年国家大力推崇大国工匠，让一些过去不受人关注的工匠走进大众视野。

工匠是指专注于某一领域，在这一领域的产品研发或加工过程中全身心投入，精益求精、一丝不苟地完成整个工序的每一个环节的人。这种精雕细琢、精益求精、追求完美的精神被称为工匠精神。

工匠精神没有职业之分。不是说技能人才才需要工匠精神，管理、服务、市场就不需要工匠精神。不管做什么，要真正做好，都要刻苦钻研，精益求精。

工匠精神没有国界之分。如今提起工匠、匠人、工匠精神，很多人都会想到日本、德国。但实际上，中国从不缺少工匠精神。

比如，盛于魏晋时期的中国"百炼钢"之术，就是中国工匠精神的体现。炼钢过程需工匠把精铁加热煅打100多次，千锤百炼，直至百炼成钢。

现在中国有众多的传统技艺和艺术品，例如，景德镇瓷器、北京景泰蓝、镇平玉雕、金工艺、漆器、刺绣、中华木雕等，都是工匠精神的体现。

工匠精神没有时代之分。工匠精神任何时候都受人欢迎，即便在当今生产高度自动化、智能化的大工业时代，劳斯莱斯和宾利仍是极端奢侈轿车品牌，就因为其生产过程中极致的"工匠精神"。

年轻员工如果想要成为各个岗位的行家里手，就要着力发扬"工匠精神"，始终充满热情，始终保持专注，始终追求极致，在自己所专长的领域精益求精，把每一项工作做细做精，做出品质，做到高水平。

日本有一部叫《寿司之神》的电影，影片中，主人公小野二郎已86岁，他一生专注做寿司超过55年，打造出了远近闻名的寿司品牌，日本的消费者即使预约等待一年时间，也要来这家店品尝寿司。

他是怎么做的？店内的食材都是经过精心挑选的，从制作到入口，每个环节都经过缜密的评估和计算。为保证温度，用餐前的热毛巾是徒手拧的；为保证米饭的口感，煮饭的锅盖压力非常大，需要双手使劲才能打开；煎蛋这份看似简单的活，要出自有十年经验的徒弟之手；客人光顾前才煮好虾并取出；给章鱼按摩40分钟至50

分钟，只是为了让肉质变软、带出香味。

我们试想一下，如果每个员工都有这种精益求精的精神，我们什么工作做不好？我们工作的低标准、老毛病、坏习惯还会一再出现吗？我们工作的质量、效果、执行力，是不是会上一个台阶？

有句话说，高手都是在苦练基本功。基本功，就是那些看上去最笨、最拙、最基础的东西。就像学写字要从一笔一画学起，学游泳要从基本动作练起。任何一个时代，任何一个领域，那些真正的高手都在默默下笨功夫，只有那些愚蠢的人整天四处找捷径。曾国藩说，"天下之至拙，能胜天下之至巧"。所以，基本功是非常重要的，是一个人最重要的发展基础，也是一个组织能力体系的核心素质；基本功的好坏，直接决定了执行力的强弱和执行的效果。

苦练基本功，苦是前提。想不吃苦就获得某项能力，是不可能的。在浮躁的社会环境下，充斥了太多机会主义、短期主义，所以葆有良好的心态很重要。苦练基本功，要长期有耐心，这就好比跑步，当一个耐力型长跑选手，配速要合理，步伐要均匀。

国学大师钱穆说："古往今来有大成就者，诀窍无他，都是能人肯下笨劲。"胡适也说："这个世界聪明人太多，肯下笨功夫的人太少，所以成功者只是少数人。"

钱锺书以博闻强记出名，他进入清华后，目标是"横扫清华图书馆"。他的治学心得是："越是聪明人，越要懂得下笨功夫。"代表他学术成就的《管锥编》，引述4000多位名家的上万种著作中的数万条书证。他深厚的学术功底可见一斑。

很多人知道张爱玲说过，"出名要趁早啊！来得太晚的话，快乐也不那么痛快"，却不知道她的整个青年时期，时间几乎都用在写作上。即使是在战乱时期，在不知道明天的命运的情况下，她仍在看小说、写作，所以她才能年少成名。

"笨"到极致就是"聪明"，"拙"到极点就成了"巧"。所以有人说，这个世界上最可怕的事，不是比你聪明的人比你更努力，而是比你聪明的人，都在偷偷地下着"笨功夫"。苦练基本功的人，才能成大器，堪大用。

苦练基本功，练是核心。练技能，练沟通，练管理，练协作。坚持，才能产生指数效应。练基本功，就是把看起来简单的事情反复做，简单的动作重复做，争取一

6

专业，就是懂行

遍比一遍做得更好。要每天提高一点点，直到这个动作变成自己的肌肉记忆，这个举动变成自己的下意识。

在工作当中，看似每一个人只是负责一点细节、一个环节，但是从整个组织层面来看，大家的工作成果组合起来就是整个绩效，任何一个环节出差错，都会成为短板，影响整体效果。

这就需要我们从细处着眼，做到眼中有活、心里想事，用绣花的功夫认真做好手中的每一件小事，锻炼自己的耐心、毅力、基本功。把基本功做扎实，我们就能做好 99% 的事情。

怎么练基本功，可以尝试五个方法。

一是对标化学习。就是每一个岗位，在视野所及，为自己找一个对标学习的对象，作为自己的努力方向。这个对象可以是身边的，也可以是你从书上看来的，但一定是最杰出的最优秀的。

二是刻意式训练。脱离舒适区，在学习区内，反复地、刻意地、有计划地做事情，磨炼自己的耐心和能力，提高熟悉程度。有一个 1 万小时理论，即要成为任何一个领域的专家，需要 1 万个小时，按比例计算就是：如果每天工作 8 个小时，一周工作 5 天，那么成为一个领域的专家至少需要 5 年。当然，如果加大每天的训练时间，这个时长可以缩短。

三是闭环化工作。让每一件事有头有尾，有计划，有实施，有反馈；每一项工作有始有终，有安排，有落实，有总结，有提升。不要猴子掰玉米，走一路丢一路。

四是系统化思考。每一项工作都不是孤立的，都是系统中的一个节点，所以要关注前后左右、上下内外，找出并处理好事情与事情之间的联系，学会换位思考，知道统筹兼顾，懂得团结协作。

五是建设性反馈。要善于发现工作中的问题，同时要思考解决办法，不要只是抱怨，而拿不出任何建设性的方案，要说真话，报喜也要报忧，同时要保持"空杯心态"，珍惜别人的意见和建议。

要做到专业，我们还要修炼两种能力。

一是学习能力。要想学习有好的效果，主要是要破解影响我们学习的几个问题，即效率、坚持、思考、运用。

首先是效率。松松垮垮地学，没有压力地学，效率就难以提高，与其低效率学习半天，还不如省下时间干点别的事。

其次是坚持。学习坚持不了，可以找一堆理由，但如果把工作忙作为借口，拖延甚至放弃学习，就可能连工作的需求都满足不了。

再次是思考。这里的思考就是辨别真伪、探究本质、寻找规律，囫囵吞枣地学习，不但不能增长知识，还容易让人失去判断。网络谣言为何能传播？就是因为听众缺乏深入思考而盲信。

最后是运用。善于学用结合，让学而不空，学有用处，真正让学到的理论知识指导实际工作。

二是实践能力。实践能力内涵丰富，主要有以下三层含义。

首先，实践能力是一种执行能力。有一种理论叫"漏斗理论"：如果我们想要表达的是 100%，与团队成员沟通的时候只能讲出 80%，对方听到的最多只是 60%，能听懂的部分只有 40%，真到执行时就只剩下 20% 了。

为了最大限度地减少"漏斗效应"，就要想办法把漏斗倒过来。一方面，布置工作的人，要尽可能传递更多的信息，给予更多的指导，减少信息衰减；另一方面，执行的人，要在不违背大方向的前提下，发挥主观能动性，创造性执行。这就体现了执行能力。

其次，实践能力是一种创新能力。我们的工作分两种，一种是常规性工作，就是有一定的规范和流程，一步一步照着做就可以，关注的是过程的不偏离。另一种是创新性工作，没有现成的经验和固定的模板可以参照，需要根据实际情况在过程中加以创新，关注的是结果达成和超出预期。

我们的工作中一部分是常规性工作，需要知道规范，按章操作，不能随意由着性子来；还有很大一部分是创新性工作，需要我们去积极思考、解放思想、开动脑筋、发挥创造性，这样才能得到满意的结果。当然，我们创新都是为实现工作目标服务的，不是为了创新而创新。

最后，实践能力是一种总结能力。1965 年 7 月，毛泽东在中南海接见从海外归来的李宗仁夫妇，突然向李宗仁的机要秘书程思远发问："你知道我靠什么吃饭吗？"程一时茫然。

毛泽东意味深长地说："我是靠总结经验吃饭的。以前人民解放军打仗，在每个战役后，总来一次总结经验，发扬优点，克服缺点，然后轻装上阵，乘胜前进，从胜利走向胜利，终于建立了中华人民共和国。"毛泽东有句

专业，就是懂行

名言："把别人的经验变成自己的，他的本领就大了。"

　　所以我们要学会总结，经常对工作进行复盘，不光要干，还要干明白，知道结果，还要知道过程，知其然还要知其所以然，知其表还要知其里，总结实践中的成功经验，发现不足并加以克服，这是决定实践成败的重要方面，也是提高实践能力的重要途径。

不辞其小

前面我们讲了要立乎其大，而它辩证的另一面就是不辞其小。泰山不辞微土，方能成其大；大海不拒细流，方能成其深。没有小，哪来的大？小是什么？刘备有句话："勿以恶小而为之，勿以善小而不为。"我们把善理解为正确的事，其中就包含不辞其小的含义。

珍惜分秒

要珍惜时间，做工作中的有心人。我们讲，社会有种种不平等，但是唯独时间对每个人一律平等，有心人才能把时间用好。因为世界变化得太快了，因为知识过时得太快了。唯有有心，才能让你持续学习，持续积累，持续追赶。如果无心，坐在宽敞明亮的教室里，不一定学得进去。如果有心，风餐露宿的场所，照样是很好的学习天地。有心人即使在基层，也能学习到好多，无心之人，即使放到再好的平台也不见得能收获什么。

珍惜每一次机会

据统计，加拿大冰球选手大部分都出生在 1、2 月。之所以出现这种现象，是因为加拿大从 9 至 10 岁的孩子中按年龄段选拔少年选手，同年的分在一组，对于这个阶段的孩子来说，几个月的年龄差距很明显，那些出生在 1、2 月的孩子发育更成熟，更容易在同组竞争中脱颖而出。

而一旦被选中，他将拥有更好的教练、更出色的队友，可以参加更多的比赛。久而久之，这些孩子的成绩会越来越好，其中最优秀的一部分人就有机会进入国家队。

年轻人只要自己肯努力，每次面临考验时努力多一点点，每次应对危难时付出多一点点，每次机会来临前多准备一点点，打一仗进一步、积小胜为大胜，从量变到质变，最终都会转化为自己的成长优势。

找苦吃，做难事

多尝试，多做事，珍惜做事的机会。找苦吃，做难事。这是一个立志有所作为的人应有的心态。有人觉得多干工作吃亏了，在我看来，年轻人多做事，在做事的过程中锻炼能力，是最划算的。

有个企业家说："当领导交给你一个难题的时候，你不能说没有办法，而要说：我试试看。当交给你一件以前没做过的事时，你不要说我不会，而要说：我可以学。"这是一个工作态度的问题。工作要有高度的责任心、事业心，也要有不断突破创新的勇气。

一个单位，如果没有矛盾、没有困难、没有问题，那么奋斗就没有价值。有时候问题与不足，矛盾与缺陷恰恰是激发我们前进的强大动力，能够激活我们的思维，激发我们的潜能，磨砺我们的意志，推动我们去创造、去努力。

面对困难，我们不能说没有办法，而要"试试看"，试试看就是开动脑筋想办法，百折不挠解难题，千方百计完成领导交办的任务。刚工作的新人也许不能马上就做到这些，但应该把这个作为一个目标，作为一种工作方式和思考方式。

面对新的任务，不能说自己不会，而要说"我可以学"。这是一种积极主动的求知、尝试、探索和实践，一个人只有不断学习、持续学习、终身学习，才能增长才干，做成事业。一个单位拥有大量愿意学习、主动学习的员工，才算得上学习型组织，才能吐故纳新，不断开创发展新局面。

有人认为做难事就是自找苦吃，为什么要这样？我觉得有一点，是为了克服平淡。平淡是磨灭理想的钝刀子。人们常说成功毁人，因为成功带来骄傲与自满，让人松懈。人们也说失败毁人，因为失败导致颓丧和自弃。但我们忽略了一个基本事实：成功与失败只占人生命的1%都不到，人生命的99%是平淡。

不辞其小

每天同一时间上班，同一时间下班，干同样的工作，开同样的会。即使一块棱角分明的石头，也会在时间的打磨之中，被平淡冲刷成一块鹅卵石，四面溜光。

对大多数人来说，生活中最大的"杀手"，既不是耀眼的成功，也不是痛心的失败，而是悄无声息的平淡。这就是我为什么提倡要做难事。艰苦的实践、充满风险的实践，给你带来的认知，是不可能在空调房里品着茶水、看着材料获得的。做难事是最有效的耕耘。生活需要波澜，没有波澜就制造波澜。不主动把自己逼到墙角，形势也会把你逼到墙角。

我一直以来都是什么难去做什么，没有挑战就创造挑战，大部分事都做成了。即便干砸了，也是收获，比不做收获要大。所以做难事已经成了我人生的一个信条。

心理学家赫伯特·奥托讲，普通人一生中只使用了自己能力的 4%。

因为你没有干过，所以不知道自己能干什么。不做难事，绝大多数人的绝大多数才华都被磨没了。平淡最能杀灭人的志向。没有起跑线优势的人，想有所作为，必须着力克服平淡。

要敢于做自己没有做过的事，敢于舍弃轻车熟路，敢于打破自我形成的固定节律，敢于把自己逼到墙角。只有这样，才能把自己从习惯和环境营造的惰性中解脱出来。

从细节做起

细节决定成败，小事不可小看，细节彰显大节。细节既来自态度，也来自用心和习惯。做事不能好高骛远，眼高手低，要从眼前做起，从点滴做起，从每一个细节做起。每个细节，每个流程，每件事情，都要手到眼到心到，不能马虎大意。

一个人想成就大事，要从小事做起，从手头做起，从身边做起，从细节做起，从基层做起。用小事来积累经验，用小事来提升能力，用小事来升华自己。事实上，每一件大事都是从小事开始的。

如果你想干成一件大事，不妨静下心来，问一问自己：我要从哪些小事做起？每一个成功的人，都曾安静地干过小事。小事做不好，大事也接不住。小事不肯干，大事哪里会轮到你!

不愿从小事做起的人，都是嫌做小事太慢，小事太小。看过这样一段话：做一只蜗牛，虽行动很慢，但是背后是一条闪光的印迹。还有一句话：蚕在吐丝的时候，没有想到会吐出一条丝绸之路。成功从来不是一步登天，而是聚沙成塔。一步一个脚印，踏踏实实地干好每件事，才能铺垫好成长的基石。

在做事的过程中，要注意细节。不注意细节，再微小的事都会酿成大祸，忽略了细节，事必难成。从古至今，但凡是有所作为的人，都懂得重视细节的力量。在美国一家石油公司，有一位名叫阿基勒特的小职员，无论在任何地方签自己名字，他都会写下"每桶四美元"，时间一长，众人不记得他的真名，只叫他"每桶四美元"，并且经常取笑他。

董事长洛克菲勒得知这件事后，甚是感动，竟有人如此宣传公司，于是对其委以重任，后来洛克菲勒卸任后，他成为第二任董事长。《道德经》中讲道："天下难事，必作于易；天下大事，必作于细。"

想要成就大事业，要从不起眼、细微之处入手，将简单的事做好，就是不简单，将平凡的事做好，就是不平凡。

从基层做起

"宰相必起于州部，猛将必发于卒伍。"一个人要成才，就要深入基层，从基层汲取营养。对很多行业来说，基层经历很重要，只有深入基层，了解基层，掌握每一个流程，了解具体的工艺和技术细节，认真去看那些现场的资料，了解现场管理中的每一个痛点难点、每一个可能被别人蒙蔽忽悠和带节奏的地方，才会心里有底气，才能找到感觉，才能夯实发展的根基。

要坚持现场主义，勇于实践，接地气，增强动手和实操能力。只有亲身实践，才会获得真知，才有做事的手感，才能准确认知和判断，才能防患于未然。

一个组织要稳健发展，不光要有高大上的战略和理念，更要加强基础管理和岗位训练，明确每一个层级、每一个岗位的工作标准和基本功要求，特别要防止管理岗位职责虚化、劳动被外包替代化、与现场一线隔绝化，从而导致操作生疏、风险不知、心中无数、管理缺位、处置失措。

只有明确每一个环节、每一个点的要求和风险，管理和指挥才是有效的。而这样的要求，要贯彻到每一个员工身上。对新员工来说，更要将坚持现场主义作为自己的准则，作为提升自身竞争力的必由之路。

基辛格在《论领导力》中，讲述了阿登纳、戴高乐、尼克松、萨达特、李光耀、撒切尔6位政治领袖，他们以自己的远见和意志，改变了国家命运，扭转了历史进程，被时代所塑造又成为时代的"建筑师"。

这些人各有特点，但又有一些共同特质。他们出生普通，但接受过严格系统的教育，有深厚的人文社科素养，早年在社会广泛历练，了解实际和人的心理，深刻洞察世界与本民族的处境，以远大的目光设计战略管理当下、塑造未来，以高超的手段推动社会走向理想的目标。

杰出的领导者都是哲学之子，都是历史之子，具有先知和政治家两种人身上的特质，都不惧危机，敢于担责，正直真实，极具忍耐，善于自省，意志坚韧，充满信仰和内在的激情，深邃，勇敢，自律，都是诚挚的爱国者，他们最大的目标就是服务国家、服务自己的人民，为此不怕争议和身后声名，有的甚至为此付出了生命的代价。

这些人的经历给人以启示。其中很重要的一点，他们都不是在象牙塔中修炼自己，而是在基层的复杂现实环境中成长起来的。他们深切了解各自的国情，为走上高位后制定科学决策、凝聚民众打下了基础。

2023年清华大学社会科学学院毕业典礼上，一位在基层工作的毕业生代表张昭源发言，题目是"双脚沾满泥土 心中充满力量"，一些内容讲得很好，感受很深切，看得出他是从基层的"泥土"中生长出来的，他说：

> 如果把这些当作社会实践，那是充满乐趣的，但想想这就是未来的生活和工作，不知道何时是尽头，也会迷茫。……迷茫，是因为我们追求登峰造极，希望出人头地……我们已经站在了高的起点，就希望一直优秀下去。这本无过错，然行路远必念其始，木丰茂必固其根，否则我们也会为拔苗助长付出代价。

> 我观察了百姓种植稻谷，讲求一个不违农时，

7

不辞其小

至于能打多少谷子，还要看年份。在工作岗位上，有些经历是不可逆的，正如我们做群众工作，深切地认识农民，理解农民，把自己变成农民，这是我的第一颗扣子。……双脚沾满泥土，心中充满力量。这也许就是我理解的"不违农时"。

重庆有一种树名为黄桷树，这种树能长到百年以上的很多，因为它的根系十分发达，即便受到摧残，也能够发出新枝。大自然告诉了我们很多人生的道理……

我们要珍惜每一次的从零开始，珍惜每一次的向下扎根，珍惜每一次的身处微末。杨绛先生说："唯有身处卑微的人，最有机缘看到世态人情的真相。"这会让我们变得更加通透，行稳而致远……

……"立大志，入主流，上大舞台，成大事业。"何为大？大音希声，大象无形，大智若愚，大巧若拙？从科学的角度讲，大是个相对的概念。我想，把个人的命运同祖国和人民的命运联系在一起，成为一个被需要的人，可为大事业。……

我不担心同学们的国际视野和开拓精神，我所担心的是大家在"内卷"和"躺平"的环境中，被简单的物质生活所迷惑，随波逐流。

当你加班熬夜而没有得到你希望的回报时，会心态失衡；当你改革创新的时候，会被撤凳子；当你坚持做你认为有意义的事情，会被一群人等着看笑话。……让我们坚定与坚持的，是对国家和民族的使命，哪怕是一件小事，一件有意义的事情。

我们说，偌大的中国最不缺的是人才，缺的是脚踏实地的人，愿意从小事做起的人，坚持长期主义的人。大家可以去看一下宗庆后的经历，他年轻时因为家庭成分不好，只能在农场和茶场工作，当工友们都在抱怨发牢骚时，他在坚持学习，知识和见识的提升，为他后来回到城市创业打下了基础。

无独有偶的是杨洁篪的经历，他年轻时没有机会考大学，曾经当过工厂的锅炉工，当工友们都在打牌喝酒时，他在坚持学外语，别人都不理解，一个锅炉工还想那么多干吗？他不为所动。

后来改革开放，上海与外商合作，很多资料需要翻译，找不到懂外语的人，工厂领导想起杨洁篪，把他推荐上去，从此他才获得崭露才能的机会，并最终走上了外交官的道路。

　　所以，环境、机遇、天赋、学识等外部因素固然重要，但更重要的是自身一点一滴的勤奋与努力。

活成一个动词

活成一个动词，是哲学家赵汀阳讲的。我们要拒绝名词的诱惑，不要迷恋任何名词，哪怕它们看起来很光鲜，很诱人，不要试图去成为一个名词，无论是多好听的名词，而要去成为一个动词。所有的名词都是动词的结果，但都不能成为人生的归宿。只有动词才经得起时间的冲刷和淘洗，动词才是理想的延续和实现，目标最终都要凭借动词去落实。名词如果没有动词打底，也会进入下滑的轨道。当然，更不要成为修饰性的形容词。

增强行动力

活成一个动词，是一种值得畅想的画面。动词，是行动性语言，有动感，彰显行动力，充满力量，是每一个职场人应有的姿态，是一种不负自己、不负人生的选择。

好的动词有很多，我们应该一个个把它们珍藏起来，收入人生的字典，并且切实践行。比如学习、思考、实践、创新、突破、坚持、尝试、探索、总结、合作、分享、试错、提升、改变、奔跑，等等，它们共同的指向是，坐而论道，不如起而行之，大胆地做事，勇敢地行动，少一些空想与空谈，多一些实干。不是置身事外，指点江山；而是躬身入局，把自己放进去，把自己变成解决问题的关键变量。

当然，另外一些动词，比如抱怨、停滞、破坏、"内耗"、"躺平"、"摆烂"……应坚决从人生的字典中去掉，因为它们是毒品，是消耗剂。

先长骨头再长肉

肌肉依附于骨骼，骨骼越长，所能依附者越多。骨骼，是自身的能力素质，肌肉，就是相应的岗位、荣誉、成就，等等。先长骨头后长肉，是永恒的规律。而人的骨骼发育需要一个过程，谁也赢不了和时间的比赛，急不得；人的骨骼发育靠的是汲取营养、加强锻炼。汲取营养就是加强学习、增长见识、积累经验；加强锻炼就是要经历风雨、百炼成钢，做几回热锅上的蚂蚁，捧几回烫手山芋。如果急于长肉，就忽视了骨骼的生长；如果喜欢攀比，急于在同龄人中脱颖而出，其实是本末倒置；如果不长骨头光长肉，那是虚胖，虚胖到一定程度就会得病，直至最终把自己压垮。

毛主席在新民主主义革命时期说："我们队伍里边有一种恐慌，不是经济恐慌，也不是政治恐慌，而是本领恐慌。"我们今天依然要克服本领恐慌。年轻员工满腹经纶，踌躇满志，想干一番大事业。寒窗苦读很多年，学了很多的理论知识，但还需要学更多的实践知识、职场知识、社会知识、人生知识，要不断地提高自己、丰富自己、充实自己。对任何人来说，哪怕他素质已经很高了，也不能满足。有这种本领恐慌，就会不断地自我加压、自求奋进，把工作做得更好。

链条式成长

每一个成功的故事背后，都有其必然的链条式路径，那就是：目标—行动—坚持—克服挑战—努力—成功。很多年轻人容易迷茫、心存焦虑。而人在为挑战找解决方案的时候，焦虑就消失了，取而代之的是全力解决问题的辛劳。迷茫、焦虑了，就去行动，只有行动了，才是真正的开始，才会持续向前，才会发生质的改变。新进入职场，要一切归零再出发，让自驱成为成长的重要动力。想多了都是问题，做多了都是答案。不要高估短时间能取得的成效，也不要低估坚持下来能达成的效果。

活成一个动词

关注当下、关注真实、关注身心

结合当下的社会和青年人的思想状况，有几点特别值得关注。

一是在不确定性中，关注当下。这是一个不确定性越来越多的时代。如何面对不确定性，如何找到确定的东西？这考验我们每一个人的心灵。曾国藩说："物来顺应，未来不迎，当时不杂，既过不恋。"

世间之事都存在因果关系。昨日因，造成了今日果，我们应该想的是，当下如何去分析、应对问题，为明天未雨绸缪。生活中难免会遇到不顺心的事，与其被烦心事所困扰，不如学着坦然面对。对于未来，我们可以拥有详细的计划，为之奋斗，但不要过多担忧。当下的事情，才是我们人生中最珍贵的。做事情的时候要专注于事情本身，不为未来的不确定性所忧虑，不沉浸在过去的痛苦里，也不被时下的外界环境所牵绊，按照当下自己的意志去做自己应该做的事。

乔布斯说，我们无法预先将点滴串联在一起，唯有回首时你才会明白那些点滴是如何穿在一起的，但是在人生的某个点，你回过头来，会发现这件事情的意义所在。我们当下的每一刻，都会成为以后人生轨迹的基础，现在所有的经历将来都会连在一起。我们惯常的思维认为人生是一条线：确定目标，然后为之拼搏奋斗，实现目标，最终获得成功。但其实这样的人生模式有利有弊：利在于目标明确，高效率；弊在于只有终点才有意义，而生命中的其他时刻，就只能成为实现目标的辅助工具，因而就被忽略或者牺牲掉。其实，真实的人生是由一个个此时此刻，无数个点连续累积而成的，每个点都非常重要，都有存在的意义和价值。人生应该有目标，有追求，但很难完全规划，很难预料几年后的情况。做好当下的每一件事，就是在为长远做规划。播下的每一颗种子，不一定马上开花，但它一定会在某个时刻开放。把握此时此刻，让每一个昨天都值得回忆，让每一个今天成为有价值的昨天。但行好事，莫问前程，但必有前程。

二是在数字化时代，关注真实的世界。当数字成为我们身体的一部分，也要防止被虚拟淹没。拥抱现实，有意义的改变才可能发生。重新建立时间感已成为一项迫切的任务。活在当下，但如果当下被切分为一个 15 秒接一个 15 秒的短视频，那么我们无异于生活在流沙之

上。只有将当下放置在更长的人生时间轴上，我们才能
合理使用它。我们应放下手机，到人群中去，到书本中
去感受长逻辑，到真实的世界中去，不要害怕不同的声
音、不同的面孔、不同的观点，尽管真相并不总是让人
愉悦。在人群中，我们才能汲取力量，辨认方向。对话，
这一人类最基本的能力，已变得更加珍贵。不被手机频
繁打断的对话，有多久没有发生了？在熟人网络的"点
赞之交"和陌生人网络的"杠精互殴"之间，本应该有
一片开阔的地带让对话发生，这样能让我们内心更充盈，
对世界的感知更真切。

　　三是关注身心健康。少熬夜，早一点睡觉。生活的
压力，工作的烦恼，都会成为辗转难眠的原因。但你会
发现，千根线头，每次只能穿一根针。熬夜不但解决不
了任何问题，反而消耗你的精神，拖垮你的身体。只有
先照顾好自己，才能用饱满的热情，去追求那些你想追
求的未来。少一点消遣，多一点阅读。你把时间花在哪
里，你的人生就在哪里。把时间花在消遣上，你只能收
获一时享受；把时间花在阅读上，你读过的每一本书，
都会在未来给你回报。少一点透支，多一点运动。运动，
是保持健康最好的秘籍。只有拥有一个好身体，才能去

做自己想做的事，过自己想要的生活。只有把生活的节奏放慢，让自己前进的速度慢下来，跟世界的交互慢下来，这些美好才能够涌入你的生活。

自律致远

前面的章节中我们讲述了初入职场"如何做"，如果把新员工比喻为一辆试图开往远方的汽车，前面这些内容相当于动力系统和"踩油门"，但我们知道，一辆汽车要行稳致远，也离不开有效的制动系统，要在必要的时候"踩刹车"。这就涉及如何自律的问题，就是"哪些不做"，哪些是要避免的，这对于刚步入职业轨道的年轻人而言非常重要。这里为大家提供一个负面清单，就是年轻员工应该避免的七个误区，或者叫"七戒"。

戒庸

年轻人要有志向、有大格局，有现实的人生定位、坚定的理想信念和昂扬向上的精神。没有目标就没有方向感，就会茫然。因此，每个人都需要根据自己的优势和实际情况，确定一个值得奋斗的目标，并把大目标分解成一个个小目标，分阶段去实现，把自己从外在驱动调到目标驱动和成就驱动的频道上。

古今中外但凡有所成就的人，都很早就给自己树立了志向，就像孟子所说的"先立乎其大"，而且这种志向不会因为外界境遇的变化而动摇，不会因为遇到挫折而放弃。

清末洋务派代表和湘军首领之一的左宗棠从小家贫，家产只有几间破烂的屋子，岳父母也看不起他，但他自己志向很大，在门口贴了一副对联：身无半亩，心忧天下；读破万卷，神交古人。

多次科举不中，他只能在乡下当一个教书先生，这要换作别的人，要么早就放弃了，要么会骂社会太黑暗，抱怨自己怀才不遇。左宗棠却胸怀大志，干脆不再作八股，而是潜心研究经世致用之学，读了很多水利、地理、军事等方面的书，具备了实际才干。后来得到陶澍、林则徐、曾国藩等人的赏识和推举，获得了干事的平台，做成了推动洋务运动、收复新疆等大事。

我们大多数人可能都不会像左宗棠那么有成就，也不一定立志当大官，但要做一个有用的人、有成就的人、有价值的人。这就得有目标，并且付出相应的努力。光有目标没有行动，那不叫目标，而叫欲望。而光有行动，没有目标，就会失去方向。

工作是实现人生目标的阶梯，当你为自己的目标而努力工作时，虽然没有直接把目光盯在职位、薪水等外在标准上，但由于自己的能力和素质在不断提高，自然也能获得更好的发展机会。

而如果只把眼光放在一个具体岗位上，人生的格局就会变得很小，就会一直用这个目标来丈量自己的付出，总认为自己辛苦而没有回报，觉得亏了，进而影响心态，影响人际关系，最终影响发展。所以，苦和累既是客观实际，也是主观感受，关键看你用什么样的目标来衡量。

目标的达成，是由一件一件事情累积而成的。要把每一件工作当作机会，把每一件工作做到高标准，从每一件工作中得到收获。要敢于迎接挑战，创造性开展工作。不管遇到什么困难，只要真心想干成，办法就一定会有。做事情不要将就对付，将就对付的，最后都是在欺骗自己。特别是年轻人，要始终保持蓬勃朝气和昂扬锐气，做事要有精气神，有一股子劲。自己干好了，还能感染其他人，那无疑更优秀。

戒懒

一个人能力有多强、水平有多高、思想境界有多高远，判别这些的时间要长一些，但是否勤奋一目了然。

从我的经验看，领导往往关注年轻人的两个核心表现：一个是态度，另一个是能力。态度好能力强，肯定脱颖而出；态度差能力也差，就会很快被淘汰。

年轻的时候，工作能力需要一个积累的过程，这时的工作态度就显得尤为重要。很多时候，领导往往把员工是否勤奋视作态度好坏的主要标准。

因此，年轻人要做到眼勤、手勤、脚勤、脑勤、嘴

勤。不仅要眼里有活，勤奋工作，还要勤于学习，勤于
思考，勤于总结。我想强调，勤不勤还要看 8 小时以外。
8 小时以外是在上网看八卦、玩游戏、看电视剧，还是在
看点书、思考点问题、写点东西？人的差距就是在业余
时间如何利用上拉开的。

　　长期坚持勤奋工作、勤奋学习是不容易的。第一，
要有一个好的身体，这是基础。第二，要有一个好的态
度。勤奋应该成为一种精神境界，一种终身追求。第三，
要做时间的主人。善于管理时间、统筹利用时间。第四，
贵在坚持。要有计划，并且能一直坚持下去，不是三天
打鱼两天晒网。一勤，则天下无难事。

戒虚

　　"虚"是相对于"实"而言的。"实"与"真""诚"
相联系，而"虚"跟"假"联系在一起。虚情假意，要
小聪明，投机取巧，人前人后不一样，领导在和不在不
一样，都是"虚"的表现。人要聪明，但不要把聪明写

在脸上，要把聪明用在琢磨事上，不要用在琢磨人上。

做人要有真品质，待人坦诚，不做作、不造假，任何时候都要实在做人，踏实做事，与人为善，谦虚低调，做老实人，说老实话，办老实事。

做人要实在，做事也要实实在在。不要只偏重于做领导看得见的工作，不要只追求形式不重实效，不能有应付过关的想法。知之为知之，不知为不知。犯了错就老实承认，勇于自我检讨，而不是找理由狡辩。

曾国藩一生特别强调"诚"。李鸿章刚入幕府时，对曾国藩的风格还摸不太透。曾国藩每天早上都会和幕僚们一起吃早餐，商量一点事。李鸿章因为懒，往往不去用餐。有一次，李鸿章又没来，曾国藩叫人接二连三地去催促，而且转告说："一定要等到人到齐之后才能开饭。"李鸿章听罢便慌慌忙忙披衣前往。

席间，曾国藩没说一句话。吃完饭，曾国藩正色道："少荃，既入我幕，我有言相告，此处所尚，惟一诚字而已。"诚，就是实实在在。没有准时用早餐，虽然是小事，但明知不对而为之，那就是不诚。李鸿章心服口服。曾国藩去世后，李鸿章说到此事，非常动情地说，他一辈子的成就与这一次批评有关。

曾氏一生信奉"拙诚"，并身体力行。"拙诚"最早出于韩非的著作，法家提倡拙诚，作为机巧的对立概念。"诚"在儒家思想中有着重要地位，《大学》开篇就讲"正心诚意"，而道家也有"绝圣弃智"的思想。讲"诚"的人很多，但讲的人未必内心都认同，很多人不过是用来装点门面，或者把讲"诚"作为一种策略。曾国藩则做到了知行合一，毕生坚守，在"诚"字上久久为功。这就不是认识层面的事了，而是信念层面的事。

　　曾国藩性格倔强、坚韧，做事扎实、稳健，信奉"天道忌巧"，不求妙手，不取巧劲，不走捷径，不搞四两拨千斤。他说过这样的话："打仗不慌不忙，先求稳当，次求变化；办事无声无息，既要精到，又要简捷。"湘军的战略战术，深深地烙上了曾国藩的性格印记。这种表面的笨拙，其实是高明的智慧。

　　拙诚的人，对己而言，能更有自知之明，容易看到和抓住事物的本质，不会轻易为表面所迷惑，有更强的悟性、洞察力和穿透力。此为大道至简。拙诚的人，对事而言，最富有元气，最能专注和坚持，精力不会耗散在机巧上，不会为走捷径而卖弄小聪明。此为无招胜有招。拙诚的人，对人而言，与人相处真实坦荡，能减少沟通与信任成本，善缘更广，能获取更多的支持和帮助，是一种高明的智慧。此为阴阳怕懵懂。世界上大多数人还是愿意与真实坦荡的人相处，所以明白了这个道理，做人做事不妨简单真实一点更好。越是面对身居高位之人，越要真实坦荡，少阴谋多阳谋，因其阅人阅事无数，且视野与思维层次更高。

保持简单的能力。在成长的过程中，我们会经历很多事，接触更复杂的事态，但是，一个人的成熟，不是由单纯到复杂的世故，而是由复杂回归简单的超然。

戒贪

首先是不能贪利贪财、贪污受贿。大家刚入职场，这种"贪"的机会不多，但也不是绝对没有可能，所以要高度警戒。特别是一些甲方单位，在现场要管理、评价、考核承包商，对工作进行验收和确认，等等，手上有一定的评价权、支配权。所以一定要扣好廉洁的第一粒扣子。承包商给你送个礼物和红包，收不收？请你吃顿饭，吃不吃？甚至你看到身边有人做了不该做的事，你要不要同流合污？这都是考验你的时候。只要你开了口子，就没有回头路，就可能要付出沉痛的代价。现在贪腐低龄化低职化现象增多，初入职场者要高度警戒，慎独慎微慎初。今后不管到了什么岗位，手中有了多大的权力，都要守住底线，把握住自己，算好人生的这笔账。

戒贪，这里重点讲的是不能不知足，不能斤斤计较。每个人都想要好的待遇和发展，我认为，一点都不考虑薪酬待遇是不可能的，但是花的心思太多，就会影响工作。每天都在盘算，算得特精细，总是与人攀比，就会觉得吃亏了，心里不舒服，搞不好就会因小失大。

有时候，要把个人的利益放一放，包袱不要太重。名和利这个东西很奇怪，你老去想，它不一定能有，你一心想把事情做好，不去想，没准它就来了。而且这些事也不是自己想就有用的，组织上和领导会去想这些事。

包括做工作，很多事情是大家一起完成的，你也在里面作出了贡献，如果你老是惦记这个，把自己参与的说成是自己完成的，夸大自己的贡献，就是"贪"了。

我们取得的一切成绩，上归功于领导的正确领导，下归功于同志们的共同努力，横向还要感谢大家积极配合。嘴上这样说，心里也要真心实意这样想。

"铁人"王进喜有一段名言，叫"五讲"：讲进步不要忘了党；讲本领不要忘了群众；讲成绩不要忘了大多数；讲缺点不要忘了自己；讲现在不要割断历史。"铁人"的"五讲"，体现出深厚的集体主义观念、大公无私的奉献精神、谦虚谨慎的学习态度和实事求是的工作作风。

现在细读"铁人"的"五讲"，虽然已经过去半个多世纪，但还是那么真诚、纯朴，永不过时。"五讲"不仅仅是"铁人"对自己提出的要求，我想更应该是我们现在年轻人的行为准则和思想要求。

在工作上要多干一些，在成绩和荣誉上要让一些。贪小便宜，事事不肯让步，有时候好像得到了一些东西，其实暗中失去的更多。谦让看起来吃亏，但古话说"吃亏是福"，愿意吃亏的人，终究不会吃亏。在一个地方少得一点，但从大的时间、空间等更多的维度来看，其实得到的更多。

多干一点活，多帮一下别人，荣誉面前让一下，遇到误解和委屈忍一忍，没什么。表面上看好像是吃亏了，但换一种角度来看恰恰是在积累和收获。看似失去的东西，命运会在其他地方给你补偿。

当然，我们不是为了吃亏而吃亏，也不是吃的亏越多就一定越好，而是要懂得得与失的辩证法，学会用多维度来衡量得与失。人生的成功也好，失败也好，不是只有一个标准，不要只看重一城一池的得失，在一个长期博弈的环境中，要看长远。

洛克菲勒年轻时，为了学到东西，宁愿少拿一点钱，到工厂里面当学徒。他一边工作一边学习，越干越好，给公司创造了很多利润，老板要给他加钱，他也不要，他说自己在这个过程中得到的收获，远远大过他领的工资。这也为他后来创业和从事商业打下了基础。

讨便宜的，未必真讨到便宜；吃亏的，也未必真吃亏。《淮南子》中有一个故事，说是楚国大臣孙叔敖曾告诫自己的孩子说："我曾为楚王立过功，楚王要赏我但是被我推辞了，我死之后楚王一定会奖赏你！但是你切记不能要好的封地，哪块封地没人要，你就要哪块。"

孙叔敖死后，楚王如他所言赏赐他的孩子特别好的封地，但是他的孩子不要，就要那块不好的封地。后来楚国有法规说功臣的封地二代就要收回，但是孙叔敖子孙的这块封地没人想要，也就一直是他家的了。孙叔敖劝自己孩子吃亏，但其结果是有了世代相传的封地，这不就是吃亏是福吗？

大禹治水，三过家门而不入，干活时宁愿自己吃亏，但到最后，大家公推他为帝。著名的"管鲍之交"，旁人都说管仲在占鲍叔牙的便宜，但是鲍叔牙处处为管仲说话，后来还推荐他做宰相。正因为鲍叔牙肯"吃亏"，所以他不但交到一个好朋友，而且为国举才，得到后世的景仰。

所以，一个人只有懂得付出，不计较"吃亏"，才能拥有一个豁达的人生；相反，如果锱铢必较，只知道接受，却吝于付出，人生就会受限。

戒骄

戒骄就是不要自以为了不起，小瞧别人。有些人往往自我认知和评价不够准确、不够客观，喜欢拿自己的优点去比别人的不足，得到莫名其妙的优越感。所以，年轻人不要自我感觉良好，不要有一点小成绩就沾沾自喜，不要因为受到一些表扬就真的以为自己什么都行。既不要在能力上高估自己、低估别人，也不要总是怀着强烈的道德优越感，自以为鹤立鸡群，人浊我清，由此顾盼自雄、锋芒毕露，说话太冲、办事太直，容易招人反感和嫉恨。

从职业发展的目标来说，人要当多大官才算大？这个问题不同人可能有不同的回答。对于干事的人来说，当个县令也能干不少事，可以造福一方；对于眼里只有官位的人来说，当个宰相还会嫌不够。同样的起点，同样的仕途，有人当官会受到爱戴，善始善终，有人当着当着就倒下了，虽然风光一时，可不会长久。所以，做官是做事的条件和手段，而不是人生的目的，只有以做事为基础，做官才能有坚实的保障，而不能反过来，把做事作为谋求官职的手段，为了做官而不知进退。

古人说："靡不有初，鲜克有终。"很多人有好的开始，但坚持到最后的却很少；还有戏词说："眼见他起高楼，眼见他宴宾客，眼见他楼塌了。"这些都是对中途而废者的惋惜。其间原因，从主观方面说，或许是定力不够，抵抗不了诱惑；或许是因官运亨通而忘乎所以，真把自己当成了天纵之才，不知进退，无形中为自己布下了绊脚石。这都可以叫忘了初心。

戒骄就是不要固执己见，要听得进不同意见，包括批评意见。有时候别人给你指正工作中的错误，提出工作目标和想法，要虚心接受，首先自己要沉着思考，然后再问问别人为什么，而不是先提不同意见，先否定别人，始终认为自己是对的。

当领导给我们提目标、提建议和想法的时候，他掌握的信息更多，站位更高，考虑得更多，承担的责任更大，他提这样或者那样的意见，一定有他的道理。而有时候你的想法可能是有局限的。

听得见意见的人，才是内心强大的人。自以为是，以为自己是对的，别人还没说完，就急着反驳，并不能证明你是对的，只能证明你是不够自信的，是充满防卫心理的。有时候即使你说的是对的，也不能证明别人的不同意见甚至相反的意见是错的，因为事情是很复杂的，有很多角度。

工作有明确的目标和任务之后，在研究阶段可以讨论商量，但定下来就要坚决地执行，每一个员工的任务就是把上级的想法变成现实，这样才能保证组织的高效运转和绩效目标的达成。

戒骄，就是要清醒地认识自己，认识别人。每个人都有短处，每个人都有长处，要多看到自己的不足、别人的长处，这是一个人学习和成长的重要途径。

《三国演义》中有挥泪斩马谡的故事。诸葛亮任用马谡防守街亭，可是马谡骄傲自大不听诸葛亮吩咐，也不听同伴王平的善意劝阻，自以为熟读兵书，一意孤行，非要上山，导致大军被围困，街亭失守，诸葛亮为严明军纪，挥泪斩马谡。马谡的下场就在于骄。

随着时间的推移，同一起跑线的人之间也会拉开差距，有些人进步比较快，但要懂得"夹着尾巴"，要如履薄冰，要想到个人努力只是一方面，还要想到组织的培养、领导的关爱、他人的帮助和同事的支持。而进步比较慢的人看到别人得到提拔，也不要嫉妒眼红。

春秋时期有个楚国的大夫，能力很强，功劳也很大，国王隔几年就给他升官。但他私下里说，自己官越大越惶恐，最开始是坐轿子出行的，后来就索性走路，到最后挨着墙边上走，怕被人注意到。这其实是一种自我约束，告诫自己不能放纵，不能骄傲。

不要因一时得意就自我膨胀，遇到了困境也不要自暴自弃。得意的时候要低下头走路，别摔跤，失意的时候要昂起头走路，别失志。

戒骄，就是要团结同事，特别是要善于与"难相处"的同事搞好团结。每个单位都可能会有个别比较难相处的人，碰到这样的同事，如果处理不好关系，就容易产生摩擦和冲突。

与同事产生摩擦的时候，要注意方法艺术，以心换心，与人为善，真诚沟通，找出问题，疏通心结。哪一天你当上了管理者，要记住把工作做好不算本事，把那些不太优秀的人用好，让每一个人都发挥作用，都投入地工作，才是最大的本事。

戒骄，就是要常怀感恩之心。感恩是一种美德，是一种境界，我们中华民族历来讲究感恩。感恩是做人的起码要求。让感恩成为一种习惯，这样我们才会更加珍惜生活和工作中的一切美好，而不会把一切当作理所当然，更不会因为个人的某些欲望没有得到满足而怨天尤人。

我们要感恩党和国家，如果没有党和国家创造的和平环境，没有经济的发展，就不可能有我们今天的美好生活；要感恩所在的单位，保持敬业的态度，工作上每一点业绩的取得，都有无数人曾经为之奠基和付出，背后都有着其他人的辛劳和汗水，特别是长周期行业更是如此。

要感恩自己的工作，保持积极的心态，珍惜能够发挥自己才能的舞台；要感恩他人，除了对自己好的人，也要感恩那些对自己不利的人和事，感恩那些批评自己的人，因为别人的挑剔，我们才会注意自己的不足，因为别人的责难，才让我们更加完善自己。懂得感恩的人，最大的受益者是自己。

在工作中，我们还会得到很多指导、关心、帮助和支持，也常常需要表达感激。很多时候，语言很重要，但行动更重要。特别是对于上级而言，感谢并不需要总是挂在嘴上，用多么华丽的语言来表达，而要用上级期望的行动来表示。这样的感谢，让上级看了放心，上级也会对你更加信任。

戒躁

"躁"有很多种。一是急躁、浮躁。有时是个性急，急于求成。有时是因为心里有事，心浮气躁。这时候，要冷静，沉下心来，心里有别的事，就先放一放。

二是毛躁。工作不注重质量，丢三落四，顾头不顾尾，写个报告错字连篇。对于这种情况，不要把它当小事，要高度负责，仔细认真。

三是烦躁、焦躁。有不顺心的事，不痛快的事，表现到工作上，乱发脾气，甚至要跟人家干架。这种时候，要先让心静下来，平时加强修养，学会如何在压力下稳定情绪。

特别是年轻人，要把沉着冷静当成一种修养。做人是这样，做事也是这样。《大学》中有句话："定而后能静，静而后能安，安而后能虑，虑而后能得。"在冷静、安宁的时候，才能产生智慧，才能更好地处理事情。

人年轻时往往急于求成，急于达到某个位置，有时心态过急，就容易从言行中表现出来，行为也容易变形，这样反而适得其反，欲速则不达。我们还是从曾国藩的成长经历来看，年轻时他性子很急，对人疾言厉色，考虑问题以自我为中心，导致处处碰壁。而随着年岁的增长，他渐渐减少了浮躁，变得更加沉稳，在对事情的判断上，考虑问题更周到、更有高度了，对世事和人际的

认识更透彻了，判断得更精准了，处理复杂问题也更加
稳妥缜密。在与人相处和沟通上，胸襟比以前更宽广，
能从他人的角度加以思考，处理方式更老到成熟，让人
更易于接受。与上级和同僚沟通时更加注意方法艺术，
知道如何掌握主动，甚至可以说，练就了一套绵里藏针、
滴水不漏的"太极功夫"，与从前那个一点就着火的愤
青已经不可同日而语了。

　　比如在一些事情的处理上，明明上级提出了不合理
的要求，曾国藩不是直愣愣地顶回去，而是学会了妥善
处理。做人有时难的是，你有满腹的忠诚，但又不能机
械地执行命令，明知不对也要执行，就等于不负责任，
但同时你又不能落下不执行的话柄。这种时候，忠诚与
否，是否有真正的大局意识，全在于一念之间，考验的
是人的智慧，还有定力。

　　对于上级的要求，在不能 100% 办到的情况下，要加
以解释，给出足够的理由，并提出替代方案。这里有两
种情况：一是替代方案本身是可行的，是对原方案的完
善和纠正，这是一种积极的做法；二是消极的做法，即
预判事态发展有另外的走向，不在原有的思路框架之内，
但出于某些原因又不能直说解决办法，那么替代方案就

是一种以进为退的"障眼法",其目的就是让子弹飞一会儿,最终让替代方案不了了之。

曾国藩在处理类似情况时给人的启示是,在多重约束条件下的选择,需要审时度势,相机决策,既达到目的,掌握主动,又不驳上级面子,还能顾全大局,使事情发展在预期之内,局势可以把控。这比机械简单地执行命令,难度更大,需要的担当也更多。相比原来的愤青做派,曾国藩此时处理事情稳妥多了,你可以说是圆滑,但更应该看成磨砺之后的成熟。要想做成一点事情,就必须磨炼自己的性格,既保持赤子之心,又能根据不同情况采取相应策略,妥善处理各种复杂局面和事件。

"夫惟不争,故天下莫能与之争",这是曾国藩后半生事业和哲学的核心。像水一样甘居卑下,却又润泽万物。不显山露水,不争名夺位,以谦抑退让、虚静克己的态度为人处世,反而减少了很多阻力,赢得了支持,驾驭了全局,塑造了非同一般的领导力。正如他在奏折中所说:"大抵用兵之要,贵得人和而不尚权势,贵求实际而勿争虚名。"这是办事之人的务实之思之言。经过捶打和历练后,曾国藩洞悉了名与实的关系。这样的胸襟气量,才是成事之至要。

曾国藩不但自己稳重务实，而且把这种风格传播影响到身边人和所带领的湘军当中。湘军有个重要的作战方略，"结硬寨，打呆战"。这里面的道理，对做事、做人、成长都有启迪，其中最重要的一点就是不要躁，要沉得住气，有足够的耐心。

湘军行军打仗，不管去了什么地方，最重视的就是扎营。每天四个小时行军，走大约三十里，然后不再前行，开始挖沟修墙，也是四小时左右，整个军队行军速度和蜗牛差不多，晚上还要轮流站岗，称为站墙子。好好一支军队，成了民工建筑队。长年累月下来，每个士兵都是挖沟小能手，一言不合就开挖，砌墙，站墙。

这么笨拙的方法为什么有用呢？当时湘军的敌人太平军，采取的是灵活机动的游击战术，战斗经验特别丰富，喜欢搞突然袭击，每次出场还裹挟着大量的流民，制造出铺天盖地的声势。湘军刚刚迎战的时候，因为没有经验，营地也扎得不牢，损失特别惨重。

曾国藩痛定思痛，改变战术，一心求稳，先立于不败之地，保存自我，才谈胜利。太平军再灵活，也拿层层壁垒无可奈何，经常连湘军的面都见不上，满身战术无计可施。就是靠这一套看似笨拙的战术，湘军克复安

庆，最后克复南京。我们做工作，做人，处事，有时候
也需要这种"结硬寨，打呆战"的精神。

戒怨

俗话说，任劳容易任怨难。"任劳任怨"最早出自汉
代桓宽所著《盐铁论·刺权》中："夫食万人之力者，蒙
其忧，任其劳。"意思是不怕吃苦，也不怕招怨。这是让
人敬佩的一种精神和美德，但不是轻易就能做到的。譬
如你做十件事情，九件事情都做好了，大家可能想不到
表扬你；如果你有一件事情没有做好，肯定会有人埋怨
你。你做对事情，人们认为是应该的；你做事出现失误，
人们可能就会对你有意见。

我们有时候讲，人的胸怀都是被委屈撑大的。越是
要做事，越是往上走，赞赏的人多，同时抱怨的人也在
增多，这些抱怨有些可能是明说的，有些可能是腹诽，
但遇到的抱怨多了委屈就会增多。如果用一种海纳百川
的胸怀来容纳这些抱怨，很多事情就会过去，逐渐地别

人会被这样的人格力量征服,支持的正面力量会越来越多。而如果把这些委屈看作天大的事,甚至和它较劲,那就会徒徒耗费了时间和精力,陷入"无物之阵",堵塞了自己的发展空间。能做到任怨,才能看出一个人的襟怀和肚量,也说明这个人有了面对困难的韧劲和抗压能力,以及处理负面情绪的能力。具有这样性情和品格的人,他的发展潜力更大,发展前景也更值得期许。

人人难免遇到糟心的事。每个人的人生道路都不可能一帆风顺,前进道路上遇到困难、挫折,不能达到预定目标,都是很正常的。

当遇到发展不顺的时候,人际关系紧张的时候,工作生活不如意的时候,个人利益得不到满足的时候,有委屈的时候,要保持平和心态,因为抱怨没有用,更不要一蹶不振,消极怠工。其实,这些经历或许也是一种财富。唯有经得起考验,撑得住磨难,才有可能长成栋梁之才。

在人手少、工作量大、加班多的时候,年轻人容易产生负面情绪。但在这种情况下能把活干好,更能体现你的真品质和真才干。比抱怨更高级的事情是,厘清界面和流程,提出优化工作的建议和方案,提高工作效率。

牢骚满腹防肠断，风物长宜放眼量。年轻人不要总是有意见、有怨气，不要满腹牢骚，甚至和人较劲。碰到不顺的事，要有正确的心理调适。西方有句谚语，"幸福的人并不是因为得到的多，而是因为要求的少"。

只要心情好了，各个方面就会慢慢顺畅，工作能力会慢慢得到体现，努力会逐渐得到回报。相反，长期抱有怨气，会消磨人的意志，软化人的信念，淡化人的追求，使人失去锐气。

当年，京剧大师梅兰芳唱红了以后，和忘年交杨小楼自组了戏班。杨小楼是当时最著名的京剧演员，被誉为"武生泰斗"。杨小楼的"角儿"比梅兰芳大，会多领一份薪酬，收入大大超过梅兰芳。杨小楼心安理得地享受着这种优待，梅兰芳则认真地对待每一次演出，暗暗地较劲儿。

有一年冬天，前一天杨小楼演出卖出去1000多张票，第二天轮到梅兰芳演，但偏偏天气特别冷，出门的人很少。梅兰芳忐忑不安，怕没什么人来看戏。结果没想到，这天共卖出去1800多张票，打破了剧场上座纪录。

第二天，杨小楼照例领到两份薪酬，但他不好意思了，"别人唱戏，自己拿钱，确实惭愧"。他明白事理，提出从此不再多拿一份薪酬了，要与梅兰芳平起平坐。

所以，人若是想要改变处境，最好的办法是在接受现实的同时，努力提高自身，只有这样才能得到大家的肯定和承认。抱怨是最无用的。大部分时候，抱怨不是建设性的，而是破坏性的。

有的人抱怨时运不济，抱怨上天不公，抱怨领导不重视，抱怨同事不和，抱怨社会不好，甚至抱怨爹妈没给自己生个好颜值，抱怨没投胎到有钱人家……所有的抱怨，都是对自己无能的愤怒。无能不仅指没有能力，也指不能为改变现状去努力付出。庸人自扰，就是抱怨的根源，真正聪明的人，从来不抱怨。不能改变现状的时候，就努力改变自己。

有句话说，"一个人最大的敌人不是别人而是自己，一个人最大的悲剧不是被别人打倒，而是自己把自己打倒"。

前面讲的"七戒"，是对我们品德人格的要求，也是一种自省自励的精神。

生活中真正令我们痛苦的，并不是外界的种种变化，而是内心的百般纠葛。面对领导的一句批评，面对转瞬而逝的机遇……若始终无法看开，无异于往鞋子里倒沙子，令自己步履维艰。遇到困难，遇到问题，要多从自己身上反思，反求诸己，自我反思，自我剖析，自我加压。

10

成为不可替代的员工

大家在面试时都会问，单位需要什么样的人？我是不是匹配公司的需求？从另一个角度看，就是一个单位对其成员成才的期望是什么？

　　这些年的观察、体悟以及带队伍的感受，告诉我一个道理，在一个群体中，在一个团队中，并不是所有人最终都能够真正成才，也不是所有人都能够怀着初心和信念走到最后。

　　怎样才能叫作成才？不仅仅是他能拿多少薪水，到多高的职位，这些只是表征，我理解的成才，更多的是指一个人始终朝着自己的目标，找准自己的定位，付出持续的努力，作出自己的贡献，实现应有的人生价值，在自己的工作环境和职业生涯中留下独特的痕迹。如果能做到这一点，不但别人会觉得他很优秀，最主要的是他自己会觉得获得了人生的成长、精神的满足和自我的实现。

一个团队里，开始大家是一起往前走的，走着走着，有些人累了懈怠了，有些人动摇了离开了，有些人淡忘了初心，能够一直咬牙坚持的人，才有望到达最初设定的目的地。

我们把这些始终如一、持续努力、不达目的誓不罢休的人，视作我们团队中不可替代的员工。因为这种坚持，这种信念，这种命运与共的连接，是每一个团队不可或缺的。

成才三大定律

成才有三大定律。一是"欧姆定律"，这是物理学中的一个定律，说的是电流总是从电阻最小的地方经过。工作中有难的事，有容易的事，大部分人本能地愿意选择容易的事情做，只有少数人愿意主动去做难的事，所以要鼓励和表扬那些愿意做难的事、下苦功夫笨功夫、

走"少有人走的路"并且取得结果和成效的人，树立良好的导向。只有那些异常勤奋，愿意下苦功夫、笨功夫的人，才能取得成功，才能练就别人不具备的独门绝技。

二是"牛顿第二定律"。用公式表达是 F=ma，如果每个人的能力在一定时期是一个固定值 F，要想获得更大的加速度 a，只有把 m 减小，m 在这里其实就是每个人心中的各种欲望，各种想法和杂念，各种阻力。摒除这些不必要的干扰，集中力量做该做的事，a 这个加速度就大了，成长速度也就加快了，就更能获得别人不具备的竞争优势。人生是一场长跑，加速度的优势有了一点，一开始不会感觉到，但长期下来，几年、几十年，差距就会越来越大，甚至会是云泥之别。

三是"能量守恒与转化定律"。打个比方，喜马拉雅山上的一块石头，静止在那儿，它的势能最大、能量最高，但是它在那个地方不掉下来、不动的时候就无法做功，势能不能转化成动能，不做功就不能产生能量。所以要行动，有了能量的蓄积还要把它转化出来。

这三大定律，就是成长的规律，也是让自己"不可替代"的重要因素。

铸造不可替代性

评价一个员工是否不可替代，一般以 5 年作为一个周期，看 5 年之后，这个员工的岗位是否有人可以随便替代。不可替代性，是一个员工的最高荣耀，是职业生涯的巅峰状态。

例如美国通用电气公司（GE）的前 CEO 韦尔奇。韦尔奇不仅在职的时候是不可替代的，在他离开岗位之后，仍然是不可替代的。他的继任者只是继承了他的职位，而没有继承他的影响力，他的离开为这个职位留下了巨大的空洞与永久的遗憾。

每一个组织里，都有一些不可替代的人，即便他的职位可能被替代，但他的作用、他的影响力、他给这个组织所带来的滋养，是不可替代的。除此之外，组织里其实有很多员工是可有可无的，是可以随时更替的。

要想使自己的发展是通畅的，回报是满意的，就要做到不可替代。并不是只有高层的管理者才不可替代，每一位员工都可以让自己不可替代。

一个职业生涯刚刚开始的人，可以把目标定为将军，但走向将军的第一个台阶一定是士兵。一个不可替代的员工一定是来自基层的。作为新员工，要成为组织中不可替代的人，首先要成为"兵王"。

有一部电视剧叫《士兵突击》，里面成功塑造了两个典型人物，许三多和成才。这两个人在个性、能力、情商等方面都不一样，但这两个人物都非常典型。

许三多这个人物，有点像阿甘，他的名言是"不抛弃、不放弃""活着就要做有意义的事，做有意义的事就是好好活"。

许三多看上去呆呆傻傻的，情商很低，木讷、不善言辞，但他体现的精神是坚韧、本分。他的坚韧也成就了他，使他最终成为"兵王"。

与许三多相对的是成才，他很精明，情商很高，善于揣摩人的心思，把自己的人生道路规划得非常好。社会上像成才这样的人其实比像许三多这样的人要多很多，特别是受过高等教育的大学生、研究生，更像是成才。

如果像成才这样的人都没有成功之路的话，社会上大部分人就都没有成功之路。成才的身上其实有跟许三多一样的东西，也是"不抛弃、不放弃"。成才也有沮丧和遇到挫折的时候，但成才从来没有放弃过。他在自己的坚持中也成了"兵王"。

这两个典型人物的成长之路昭示着一个道理，只要有一个目标，只要"不抛弃、不放弃"，就能够成为"兵王"，变得不可替代。从顺序上说，只有先在具体岗位上成为全能"兵王"，才有机会脱颖而出成为"将军"。怎样使自己成为一个不可替代的员工，这是我们每个人都要考虑的问题，其实就是综合运用前面所讲的内容，包括成才三大定律、自律和自驱、活成一个动词，等等。

滋养你的环境

有一篇文章，标题叫"一家好单位的 20 条铁规"，我觉得很有道理，拿出来和大家分享。

什么是好单位？好单位就是你发现这个单位牛人很多，而且比你更谦虚、更努力，你不努力都不好意思待下去。好单位的员工都是有理想有目标有希望的，好单位中每个员工脸上都写着价值与目标。

什么是不好的单位？就是你发现这个单位里扯皮、推诿、不承担、办事效率低、发牢骚的人很多，更悲剧的是，他们不仅不干活，还天天党同伐异，想把干活的人排挤走。不好的单位的员工都混日子、不承担责任、得过且过，不好的单位中每个人脸上都写着自我与个性。

好单位会教会员工利用时间，不好的单位浪费员工时间；好单位鼓励员工创新；不好的单位只要求员工服从；好单位给员工沟通交流的平台，不好的单位要员工习惯沉默与命令；好单位鼓励员工，不好的单位监视员工；好单位充满和睦快乐，不好的单位充满傲气与怨念。

好单位有哪 20 条铁规呢？第 1 条铁规：单位利益高于一切；第 2 条铁规：团队至高无上；第 3 条铁规：用老板的标准要求自己；第 4 条铁规：把事情做在前面；第 5 条铁规：响应是个人价值的最佳体现；第 6 条铁规：沿着原则方向前进；第 7 条铁规：先有专业精神，后有人才；第 8 条铁规：规范就是权威，规范是一种精神；第 9 条铁规：主动就是效率，主动、主动、再主动；第 10 条铁规：任何人都可成为老师；第 11 条铁规：做事三要素，计划、目标和时间；第 12 条铁规：不要解释，要结果；第 13 条铁规：不要编造结果，要卷起袖子干活；

第 14 条铁规：推诿无效；第 15 条铁规：简单、简单、再简单；第 16 条铁规：做足一百分是本分；第 17 条铁规：做人要低调，做事要高调，不要颠倒过来；第 18 条铁规：沟通能消除一切障碍；第 19 条铁规：从业人员首先是架宣传机器；第 20 条铁规：永远保持进取，保持开放心态。

我们每个人既会受到环境的影响，也会给环境带来好的或者不好的影响，大家的努力和作为，会决定所在的单位变得越来越好，还是越来越不好。每个员工，要让自己不可替代，还应该去滋养自己所处的环境，给环境带来正向的、积极的、有益的氛围，让好的风气、好的习惯、好的规矩、好的做法扎根，这样最终的受益者其实是自己。而如果损害甚至毒害自己的环境，这样的人，能力越大破坏力越大，最终一定会被组织的"排异反应"所清除。

附录

课后学员感言

（注：书中内容是根据连续三年真实的"入职第一课"内容整理编撰而成，每次课后均有新入职学员发表感言。这里辑录其中部分以飨读者。）

2022 年

"入职第一课"教会我们如何转变学生身份，投身事业，牢记责任，爱岗敬业，做新时代的"匠人"。在公司提供的广阔平台上，做好本职工作，是实现个人理想和家国抱负的最好途径。作为新加入的一分子，我要立足岗位、苦练本领，用技术和能力证明自己；刻苦学习、

创先争优，不断努力提高自己；自信自强、激昂斗志，把自我价值实现和公司事业发展紧紧联系起来。@HSQ

听完课，一种使命感和责任感在我心中油然而生。今后的工作中，我将不忘初心、牢记使命，提升自身业务能力，加强专业学习，聚焦公司发展目标，为公司业务实现新突破、为国家和社会发展贡献力量。@XX

老师从敬业、专业、职业三个角度，结合自己的工作经验，为我们带来生动的入职第一课。其中，"专业"板块令我受益颇多。今后，我将努力结合岗位工作，加强对新政策、新知识、新领域的学习，不断充电，更新自己的知识储备，建立学术框架，从"徒"出发，学习与实践相结合，争做"工""匠""师"，心怀信念，贡献自己的力量。@QZ

从授课中，我深刻体会到了成为公司不可替代员工的重要性，也立志要成为这样的人，希望在未来，我能够成长为在本岗位上有影响力、发挥重要作用的员工。我会在今后的工作中努力付出，自觉主动地做好本职工作，继续发扬优良传统，为公司发展作出贡献。@AZMT

"入职第一课"既生动，又令人振奋，让我了解到公司的发展情况，对无限可能的未来充满了希望，也激励着我更加奋发图强。我要珍惜时光、担当尽责、忠诚敬业、勇往直前，同时也要苦练基本功、提高执行力，加强对标化学习、刻意式训练、系统化思考、建设性反馈，做一个有责任担当，让大家放心的靠谱同志。@SJ

今天我听了生动且深刻的入职培训开班第一课。在未来的工作中，我希望自己能够做一个爱国、爱岗、敬业的自我驱动型员工，苦练基本功，建立足够的专业知识储备，不断积累实践经验，认真践行苦练基本功的五个学习方法；立志做一个靠谱的人，踏实做工作，为公司的发展作出自己的贡献。@LJZ

2023年

老师以自身的工作和发展经历为例，引经据典，在工作和生活方面为我们初入职场的萌新给予了指导，也提出了要求。"入职第一课"充满了关爱之情，鼓励我们将家国情怀融入自身与职业发展，努力做一个靠谱的员

工，这更加坚定了我的人生追求与价值理念。@JFY

　　老师对我们新一代寄予了厚望，同时在思想上为我们今后的工作提供了建设性的指导，为未来职业发展道路指明了方向。作为一名新人，在提升自身基本功的同时，我要始终保持千里之行始于足下的积极心态和厚积薄发必有所成的信念，传承传统，承担重任，让自己成器，为公司创造价值。@WQY

　　这堂课让我进一步明确了在未来工作中，作为一名合格的员工所应具备的个人品质、职业素养以及家国情怀和责任担当，深刻而又切实。我将珍惜每一次锻炼机会，加快从学生向员工身份的转变，从头学起、实干笃行，在保持阳光积极心态的过程中躬身入局，在自我砥砺、磨炼品性的过程中为公司、为社会作出自己的贡献。@JX

2024 年

　　这次的讲课使我受益匪浅、深感振奋。伟人无不有鸿鹄之志，树立远大的志向是自信、自立、自强的前提。对于新加入公司大家庭的我而言，就是要将自身所学、所知与生产实践快速结合起来，从而为高质量发展贡献自己的绵薄之力，以实现自我价值。在做人做事的实践中，要坚持炼心、炼脑、炼手，才能做到敬业、职业和专业，进而成大事。"大"乃"小"之积累而成，只有脚踏实地、珍惜机会、抓细节、求真理，才能让志向之种长成参天大树。@ZZH

"入职第一课"让我感悟颇深。作为公司的一员，我们不仅要有远大的理想和抱负，更要通过日常工作实践实现这些理想。公司正处在加速发展的阶段，公司每年的目标都在提高，这不仅是一个数字，更是挑战和机遇。我将珍惜每一次锻炼机会，不断磨炼自己的心性，提升专业技能，将自己活成一个动词，用实际行动去实现个人价值，助力公司发展。@ZEZ

这堂课由浅入深、由小及大，全方位、多层次地讲述了如何从一名毕业生转变为职业人的理论与方法，对大的精妙阐述、对小的精细解剖，以及对"动词"的递进式讨论，逐渐廓清了我思想上的迷雾，让我想起了那句话，"仰望星空，脚踏实地"。作为公司的"新鲜血液"，我将踏踏实实做好每一件事，铸就铁骨，再长筋肉，不断沉淀，保持学习状态，积极迭代，将学习、思考、实践、创新等融入自己的学习和工作中，在实践中磨炼心性与技能，将自己的专业知识运用到工作实践中去，投入到公司目标任务中去，争取成为一名对企业有用、对社会有益的职场人。@DZ

入职第一课言辞精妙、旁征博引、内涵深刻，是我们职业生涯中的宝贵财富。在今后的工作和生活中，我将珍惜锻炼机会，关注当下，实干笃行；勇于归零，向下扎根，行稳致远，在坚持学习和持续精进中锤炼自身道德修养和职业素养，以青春之力助力企业高质量发展。@QT

结语

把自己铸造成器

职场人士，一方面应该忠诚于组织，为组织作出贡献，另一方面也要忠诚于自己，把自己铸造成器。易卜生曾说："你最大的责任是把你这块材料铸造成器。"那么，怎样才算是成器？如何把自己铸造成器？

找到自己的使命

　　茨威格在《人类群星闪耀时》中写道："在人生的中途，在富有独创性的壮年发现了人生的使命。在人的命运中，还有什么比这更大的幸福？"一旦找到人生的使命，会让你从此不再迷茫和纠结，并拥有无穷无尽的力量。

我们对着镜子，看到里面的自己，可能会问：我是谁？我要成为谁？这取决于潜意识。人是有灵性的，动物没有自我反思，但是人有，人可以觉醒，可以觉悟。

我们从小到大被灌输的观念一直是：好好读书，将来找个好工作，结婚生子，安安稳稳地度过一生。这种思维无疑是一座牢笼，我们一直被框在这种有限的框架中。人长期在这种框架的束缚下是不舒服的，所以才会痛苦焦虑。看到周围的人都是这么干，但是你自己又觉得哪里不对劲，似乎少了点什么，所以就纠结了，痛苦了，内耗了。很多人没有觉知，或者觉知了也没有做出改变，所以随波逐流，成为碌碌无为的众生。

其实人生还有第二轨道，就是自我实现的轨道。到达轨道需要一个外力，这个外力就是你的觉知力，觉知力从何而来？取决于你的潜意识。

那么这种激发觉知力的潜意识从何而来，取决于周围的环境和接触的信息。这个世界上有那么多的国家，富人和穷人，好人和坏人，自卑的人和自信的人，他们接触的信息天差地别，所以人既是环境的产物也是信息的产物，信息决定了意识，意识决定了潜意识，潜意识最终决定了你是谁。这是一个正反推理的过程。如果你只能接受第一轨道,那么永远找不到第二轨道的自我实现和使命。

而这一切的源头需要有一个意识的念头:"我想成为谁?"这个意识其实在我们很小的时候就出现过,那时候我们的潜意识还没有被环境和信息所改变,小时候老师总问我们长大后的梦想是什么?有人想成为宇航员,有人想成为科学家。小时候我们敢想,长大后我们就不敢想了,因为我们的意识被周围的一切所束缚,潜意识困在观念的牢笼里出不来。此刻需要唤醒自己的这一念,并且意识到这一念的重要性。什么叫"一念之差,天壤之别"?一个念想就是一个小小的势能,有人会慢慢忘记念想的存在。但有人却不断加固这一念想,意识到要主动改变自己的环境、接触的信息,进而改变自己的行为,让这个念想成为现实。

所谓理想,从某种程度上说,其实是每个人对未来的自我想象。每个人的未来取决于自己的身份认同。你现在是谁不重要,你未来要把自己变成谁才重要。不局限于此刻的身份,给自己定下一个身份认同。刘备在当年卖草鞋的时候就说要匡扶汉室、成就霸业,之后才有了一番作为。给自己定下一个身份认同的时候，对未来形成自我想象的时候，人的思维格局和行为会大变，因为已经跳出了原来的那个身份，而是按照自己期许的身份来要求自己。如果你现在是一个自卑的人，自卑就是你此刻的身份，但是当你认同自己是一个自信的演说家时，你的行为一定会发生天翻地覆的变化。

任何人都是本自具足的，我们常常被主观的观念压制，无法释放出潜能。如果给自己一个高于自己当下身份的身份，一定会有很多人嘲笑你，不认可你，认为你不自量力。但这都不重要，人对自己的价值的认定，不在于别人的评价，而在于自己内心的标准。你对自己身份的定位，决定了你的层级，要不被当下身份所困，努力成为你想要成为的人。即使最后没能成为你想成为的人，也已经超越了身边很多人，超越过去的自己很多很多。这就是赢了。

从当下的身份走向未来的身份是个漫长的过程。这中间一定需要熬和坚持，但是当你打游戏的时候，会觉得还需要熬和坚持吗？从你此刻的身份到你要达成的身份就是一场"通关游戏"，而且是无限的游戏。不要把结果看得很重，不要患得患失，只要认真玩这场人生游戏即可。你能暴露和反思自己多少人性的弱点，就能走上多高的地方、取得多少成果。但对抗人性是非常痛苦难受的，很多人在这个过程中都放弃了，只有少数人能够不断描绘，激励自己。这就是高手与普通选手的区别。希望大家都可以早点找寻到自己的使命，成就不一样的人生！

　　人格形成基于自身性格和后天培养。人格之所以能驾驭才华，就是因为人格中有不贪心、谦虚这样最基本的美德。人生在世，最重要的事是努力为社会为世人作贡献。因此要不断扩大自身的利他比例，缩小利己比例，度过仅此一次的美好人生。

　　人是高等动物，是有灵性的生物，所以我们是由使命驱使的。因为有使命，我们才有动力，有责任感，有敬业精神，有克服困难的勇气，有百折不挠的意志，有不达目的誓不罢休的决心和信心。如果把大的使命、组织的事业，当成自己的事业，职业生涯势必会是圆满的。

躬身入局

有了使命，最重要的就是行动，躬身入局。有这样一个故事：两个挑着担子的农夫，在田间一条很窄的田埂处碰上了，谁也不愿意给对方让路，因为谁要让对方，谁就得从田埂上下去，踩一脚泥。曾国藩见了走上前去说："来来来，我下到田里，你们把担子交给我，你俩这一侧身，不就过去了吗？"一个看似无解的事，立刻有了答案。曾国藩管这叫"躬身入局"。他说："天下事在外呐喊总是无益，唯有躬身入局，挺膺负责，才有成事之可冀。"

要拓展自己的格局。格局体现在拓宽视野，立足高点看待事物上，要把自身放在一个大的背景中找到努力的方位。格局体现在如何对待胜利和成功上。如果将成绩当作一个敲门砖，那格局还不够。格局也体现在面对挫折和挑战上。苏轼在《试笔自书》中写过一段被贬海南的经历：刚到海南时，他常常黯然神伤："什么时候才能离开这个岛呢？"想了一段时间，有一天他幡然醒悟：海南是岛，可往大了看，大陆又何尝不是一座岛呢？既

把自己铸造成器

然人人都在岛上，又何必自伤自叹呢？想到此处，苏轼不禁大笑起来，原来真正被困住的是自己的内心。一个人的喜怒悲欢，往往就在于心中的格局之差。所谓格局其实就是跳出自身，看到他人，看到大势，看到整体，看到长远，看到规律和本质。

我们看到今天中国的格局，国力急剧增长，是全球第二大经济体，全球第二大消费市场，全球第二大外资流入国，世界第一制造业大国，全球第一大货物贸易国，全球第一大外汇储备国。中华民族伟大复兴的道路上，困难还很多，必须一步一步地前行。作为奋斗者，这是我们的责任，我们绝不单是成功的享受者。在这艘航船上，我们都应当是主人而不是乘客，当忠诚敬业、各司其职、竭尽所能，无论风雨，都要同舟共济，只有这样这艘航船才能在波澜壮阔的大海里永立潮头、勇往直前。

要厚植自己的家国情怀。家国情怀是支撑事业和成长的基础，没有家国情怀，就会缺乏力量，会失去灵魂，茫然无所应对，不知人生的方向在哪里。

古人说："贤者在位，能者在职。"这个"位"，除了身份地位，也指在他人心中的分位。能者与贤者的区别，或者说一个人格局变大的契机是什么呢？就是他认识到，才能不是个人的私有财产，而是上天赋予的责任。因为才能的形成，除了天赋，更多来自人类文化遗存、公共知识体系和广泛的社会资源，而不是光靠自身就能获得的。才能的正途是用在为他人、为社会、为世界创造价值、作出贡献上，这才符合天道，也是才能最好的归宿。老子云："生而不有，为而不恃，功成而弗居。夫唯弗居，是以不去。"有一点点才能，就矜才使能，自喜自傲，那就辜负了上天的好意，如果将其作为捞利之匙，甚至于将公共权力个人化、个人利益最大化，即便获得一时表面所谓的成功，也终将天厌之，人谴之。

成为一粒好种子

科学家袁隆平先生逝世，引发了全国人民的哀悼，因为他的卓越贡献，更因为他的人格力量。他说："人就像种子，要做一粒好种子。"每个人都可以像种子一样扎根，像种子一样吸收养分，茁壮成长，成为参天大树，为社会带来硕果，为他人带来阴凉，立大志，明大德，成大才，担大任，成为单位和国家的栋梁之才。

我们每个个体和所在的单位以及国家、民族的关系，就是一滴水和大海的关系。所有江河湖海都是由一滴一滴水聚集而成的，一滴水很渺小，在空气中很快就会汽化消失。融入江河，水滴才不会轻易消失，并且会产生磅礴的力量。一个组织就像是一条河，当你加入其中，就成为这条河中的一滴水，上善若水，纳百川终入海，克千难仍奋进，利万物而不争。像水一样，干干净净做人，清清白白做事；像水一样，融入集体，适应变化，吸收营养，以自己的动能为江河积蓄磅礴之力。只有这样，才能成大器，而又君子不器，不要局限于一个专业，要做到持经达变，一技通而百技通，像水一样随物赋形，满足岗位、国家、社会的需要，作出自己的贡献。

做时间的朋友

员工与所加入的单位是一体的，都各有一份责任。肩负起自己的责任，收获的不仅是他人的认可，更是自己内心的充实。一旦入职，就要珍惜时光，专注当下，担当责任，学习成长。如果单位是一棵树，当我们加入其中，就成为这棵树上的一片叶子。在这棵树上，我们负责生长，单位负责发展与繁荣。只有每个人都不停地吸收阳光和养分，吸收天地精华，才能为这棵树提供充足的营养与能量，这棵树才能一直向上生长。没有树的辛勤劳作，就没有叶的繁茂，没有叶的茁壮成长，哪来树的生机盎然？

像树一样，人的成长也是一步一步、一寸一寸的，大家要蓬勃奋发，也要有耐心，不要着急，做时间的朋友，不平凡都是在平凡中熬出来的。

要"高筑墙"，多建立自己的核心竞争力，筑造高深的能力基础。秉承"专精尖"，夯实知识底蕴，持续精进。摒弃"短平快"，重视厚积薄发。"广积粮"，就是努力做好储备，为事业奠定良好基础。努力研究各种专业技能，并链接不同圈子的人脉，为未来储备专业能力和有效资源。"缓称王"，就是务必要谦虚谨慎，不骄不躁，稳扎稳打地修炼。

人生来一回，必须有华山论剑的气势，立志、勤学、改过、责善，努力做到行业顶尖。

结语

把自己铸造成器

青春是一个人最宝贵的时光。很多功成名就的人，都愿意用自己所拥有的，包括财富、名声和地位，换回他们的青春时光。这说明，年轻本身就是最大的财富、最大的富矿，是用任何东西都换不来的。年轻人有着无限的可能和最大的潜力。所以，我们每个人都应该珍惜青春，不虚度青春，让青年时期成为最重要的储蓄阶段，现在往里面存得越多，今后能取出来的就越多。一切都在于我们的努力。

让我们不负韶华，以梦为马，扬帆起航，以青春和活力，描绘最好的奋斗篇章，拥有无憾无悔的青春。